6505. P. Z. GRINDELWALD. HOTEL BÄREN.

6590. P. Z.-FRUTIGEN KIRCHE & ALPEN.

17557. P.Z. - INTERLAKEN. HOTEL VICTORIA.

SOMMAIRE

LA SUISSE
AU-DELÀ DU PAYSAGE

François Walter

DÉCOUVERTES GALLIMARD
HISTOIRE

Le paysage des Alpes et l'existence de la Suisse sont inséparables. Si l'immensité des montagnes défie le temps depuis des dizaines de millions d'années, il aura tout de même fallu plusieurs siècles pour inventer ce curieux pays, accroché au mitan de la grande chaîne. Petit État à vrai dire, puisque le territoire français pourrait contenir l'équivalent de treize fois sa superficie !

CHAPITRE 1

L'INVENTION D'UNE CONFÉDÉRATION

Ces deux œuvres de Ferdinand Hodler expriment le sentiment national helvétique : à gauche, le héros légendaire Guillaume Tell (1897) en puissant guerrier émergeant des nuages ; à droite, le symbolisme atemporel des sommets surmontant les brumes lacustres (1908).

Un récit soigneusement construit

Depuis qu'il existe une entrée « Suisse » dans les dictionnaires et encyclopédies et jusqu'à nos jours, le récit comporte immuablement deux observations préalables, une sorte de cadrage obligé. La première est géographique et souligne le caractère enclavé, continental et montagnard du pays. Les Alpes et le Jura couvrent près de 70 % du territoire alors que la zone entre les deux ensembles, appelée de façon significative « Moyen-Pays » en allemand et Plateau suisse en français, n'offre qu'un espace vallonné et exigu aux villes et aux activités qui s'y concentrent en grande partie (soit les deux tiers de la population). Une réalité topographique sur laquelle Kafka pouvait ironiser en 1911 en posant une question de « statistique patriotique » : « Quelle serait la superficie de la Suisse si elle se trouvait dépliée sur une plaine ? »

La deuxième, tout aussi nécessaire, assigne un destin historique aux populations qui tiennent les passages des Alpes, et en particulier les cols du grand massif Aar-Gothard d'où partent aussi quelques-uns

Tabula noua Heluetiæ.

Cette carte du XVIᵉ siècle est la première représentation imprimée du territoire considéré comme suisse. Elle s'inspire de l'atlas de Ptolémée (IIᵉ siècle apr. J.-C.) qui mentionne les principales colonies romaines et le territoire des Helvètes (*Eremus Helvetiorum*, « Hermitage des Helvétiens »), qui sont des Celtes. Les chaînes des Alpes (en haut) et du Jura (en bas), figurées en perspective oblique suivant une orientation peu réaliste, ont pour fonction d'assigner des bornes à des peuples mal sédentarisés et enclins à bouger.

des grands fleuves d'Europe (le Rhin et le Rhône notamment). Les Romains s'y sont heurtés et ont englobé ces territoires tardivement dans leur empire au milieu du Iᵉʳ siècle, en structurant leurs provinces autour des grandes routes alpines. Le Moyen-Pays, en revanche, leur était acquis depuis 58 av. J.-C., lorsque César a stoppé la migration d'un peuple qu'il appelle, dans ses *Commentaires sur la guerre des Gaules*, les « Helvètes ». À vrai dire, le terme « Helvétie » sera introduit beaucoup plus tard, à la Renaissance. Dès le XVIIᵉ siècle, les sources documentaires utiliseront aussi l'expression de *Corpus Helveticum*, cédant à la mode antiquisante pour désigner le conglomérat de petits territoires qui ne forment pas encore un véritable État au sens moderne du terme.

C'est que, durant tout le Moyen Âge et jusqu'au XIVᵉ siècle, ces régions sont demeurées en marge des

Lors d'une première migration à l'issue incertaine, les Helvètes avaient pénétré dans la province de la Gaule narbonnaise. C'est là qu'eut lieu le triomphe du chef de la tribu helvète des Tigurins, du nom de Divico, qui battit en 107 av. J.-C. l'armée du consul Lucius Cassius à Agen. La peinture de Charles Gleyre (1806-1874), *Les Romains passant sous le joug* (1858, ci-contre), situe l'action dans un décor alpin au-dessus du lac Léman, qui n'a évidemment rien à voir avec l'événement ! Selon César, le même chef Divico (130-58) participa à une nouvelle migration en 58 av. J.-C. Les Helvètes avaient, semble-t-il, décidé de retourner dans la région située entre Toulouse et Bordeaux. Le sort des armes leur fut cette fois défavorable : César les empêcha de traverser le Rhône. Ils se détournèrent vers le nord mais furent bloqués par les Romains sur la Saône. Après l'échec des négociations, César les battit à Bibracte avant de les obliger à retourner au-delà du Jura entre le lac Léman et le Rhin.

grandes constructions politiques. Certes, peu à peu, elles se sont trouvées intégrées formellement au Saint Empire romain germanique (Xe-XIe siècle). Bien sûr, entre le XIe et le XIIIe siècle, les empereurs ont manifesté leur intérêt à ce que les routes des grands cols vers l'Italie soient sûres. C'est pourquoi quelques grandes dynasties féodales ont cherché à imposer leur autorité aux seigneurs locaux. Mais, dans la réalité, les populations des Alpes sont arrivées au seuil de la modernité avec une longue tradition d'autonomie, regroupées en petites communautés cloisonnées. Elles le sont restées pour une bonne part, sous la forme des « cantons » qui existent encore aujourd'hui.

Le *Serment du Grütli*, peint par Johann Heinrich Füssli (1741-1825) pour l'hôtel de ville de Zurich, représente les trois Suisses délégués des vallées d'Uri, Schwytz et Unterwald, protagonistes légendaires des événements que la tradition fixait le 8 novembre 1307. Le geste du serment prend une valeur symbolique essentielle dans la formation progressive d'un sentiment d'appartenance confédérale. Depuis la fin du XIVe siècle, les communautés prirent l'habitude de faire jurer périodiquement aux « bourgeois » réunis (bénéficiaires du droit de cité) le texte de leurs alliances, ce que traduit le concept latin de *conjuratio*, au sens d'action concertée par serment. Cette pratique est devenue l'un des attributs spécifiques de la forme helvétique du lien social.

La tradition considère les communautés de vallées du centre de la Suisse, celles d'Uri, de Schwytz et d'Unterwald, comme les trois premiers cantons. Ce sont les chroniqueurs des XVe et XVIe siècles qui ont mis les faits par écrit, deux siècles après qu'ils seraient survenus. En substance, leur récit construit le mythe de la révolte des Suisses contre l'autorité des Habsbourg qui possédaient les droits de juridiction sur ces régions un peu oubliées du cœur des Alpes. Se rattache à cette trame toute une série d'épisodes héroïques. Le plus fameux est bien sûr

Le parchemin du « Pacte de 1291 » est rédigé en latin. Il est revêtu des trois sceaux de Schwytz – celui-ci manque sur l'exemplaire conservé –, d'Uri et de la vallée supérieure d'Unterwald. Si les circonstances mythiques et la portée de ce texte sont depuis longtemps contestées, certains historiens

celui de Guillaume Tell, le tyrannicide. La légende rapporte que, le 18 novembre 1307, le héros a tué le bailli, après avoir relevé le défi de transpercer une pomme posée sur la tête de son propre fils, par son fameux tir à l'arbalète. Un chroniqueur du XVIe siècle ajoute l'épisode du serment des trois Suisses, à savoir une rencontre de conjurés sur la prairie du Grütli (*Rütli* en allemand) au bord du lac des Quatre-Cantons, qu'il date de novembre 1307. On aurait alors planifié l'assaut contre les châteaux pour le 1er janvier 1308. Cette date serait donc celle du début de la liberté des anciens Suisses.

vont jusqu'à douter de l'authenticité matérielle du document qui serait antidaté, comme beaucoup de documents de l'époque. Ce qui est certain, c'est que cette charte ne « fonde » pas la Confédération puisque les communautés concernées n'avaient pas d'autre ambition que celle d'assurer leur sécurité.

Ce que disent les historiens

Les historiens n'ont cessé de commenter les bases documentaires fragiles de ces allégations. Au XIXe siècle notamment, les scientifiques estiment que le récit historique doit reposer sur des sources originales de première main. Dans ce contexte très particulier de la construction identitaire de la nation suisse, on exhume opportunément un document qui porte une date. Connu désormais sous le nom de « Pacte de 1291 », il devait prouver

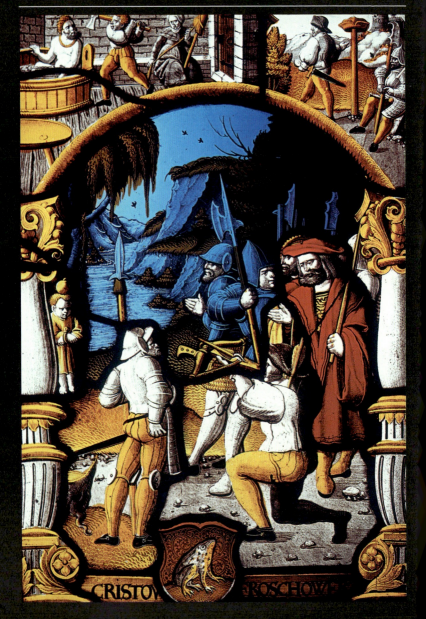

La narration de ce que la tradition considère comme les « origines » de la Confédération a trouvé une première forme complète vers 1470 avec « Le livre blanc de Sarnen ». Au-delà de l'historicité improbable des récits fondateurs qu'il rassemble – parmi lesquels la légende de Guillaume Tell –, c'est la fonction symbolique de ce recueil qu'il faut retenir. Sa première version imprimée date de 1507 et contient la plus ancienne représentation de la scène de la pomme, dépeinte aussi au centre d'un vitrail de 1530 (page de gauche). Au-dessus de la voûte, à droite, Tell est représenté en train de passer sans se découvrir devant le chapeau de Gessler, cause de la sanction punitive : le héros a reçu l'ordre de tirer sur la pomme posée sur la tête de son fils, *topos* héroïque présent aussi dans les légendes scandinaves. Le bailli autrichien Gessler est vêtu de rouge et entouré d'hommes armés de hallebardes. À l'arrière-plan, on aperçoit le lac d'Uri aux rives abruptes. Les deux scènes ci-contre, extraites d'un vitrail de 1563, montrent le héros sautant de la barque qui l'emmène en captivité, puis, plus tard, abattant le bailli d'une flèche. C'est ainsi que le tyrannicide s'érige en garant des libertés.

la plausibilité de récits concernant des personnages dont le texte ne souffle mot d'ailleurs. En effet, son contenu témoigne simplement d'une préoccupation, fréquente à l'époque, d'assurer la sécurité intérieure par des mesures concertées. Retrouvé dans les archives en 1758, ce parchemin est présenté en 1891 par les historiens officiels comme l'« acte mémorable » censé authentifier « l'origine même de la Confédération ». On substitue alors l'année 1291 à 1307-1308, dates retenues par la tradition depuis le XVe siècle. L'ensemble des faits légendaires, dont l'épisode de Tell et le serment du Grütli, viennent s'amalgamer sur 1291. Coup génial de l'intelligentsia qui réussit ainsi à récupérer les mythes et à conférer une origine à l'histoire de la Suisse ! Dans la foulée, on en célèbre de façon grandiose le 600e anniversaire la même année 1891 tandis que, pour en pérenniser le souvenir, on se dote enfin d'une fête nationale, le 1er août.

Confrontés au poids de la tradition, les historiens d'aujourd'hui s'efforcent, trop souvent en vain, d'expliquer que cette vision de l'histoire n'est qu'une construction idéologique. En effet, même si les documents signalent l'existence de « Confédérés » au début du XIVe siècle, ce n'est guère avant 1386 que l'on entendit vraiment parler de leurs communautés, les vallées d'Uri, Schwytz et Unterwald ainsi que les villes de Lucerne, Zurich et Berne. Elles réussissent à s'opposer à une expédition punitive de grande envergure. Celle-ci, menée par un duc de la maison de Habsbourg en personne, tourne au désastre pour les chevaliers. Leur défaite sur les rives du lac de Sempach, le 9 juillet 1386, connaît un retentissement européen. Les lettrés affirment que, pour la première fois dans l'histoire, des paysans se lèvent contre leurs maîtres légitimes mettant ainsi en péril l'ordre social médiéval. Cette vision idéologique de la victoire de Sempach valorise l'image de ses protagonistes. Issus de petits territoires disparates, ils prennent alors conscience de leur force et commencent à se percevoir comme formant une « Confédération ».

La bataille de Sempach tient son nom d'une petite ville et d'un lac du canton de Lucerne, sur les rives duquel elle se déroula. Les contingents de Lucerne avancent sous leur bannière blanche et bleue. Suivent les hallebardiers d'Uri (la bannière au taureau), de Schwytz et d'Unterwald. Par allusion au paysage boisé de leurs vallées, les sources les désignent comme les trois « pays forestiers » les *Waldstätten*.

Premières étapes d'une cohésion

C'est en quelque sorte sa réputation subversive qui invente la Suisse. Elle contribue fortement à enraciner la thèse d'une révolte de paysans qui se seraient débarrassés de la noblesse. Dans la réalité, les élites de ce temps étaient surtout composées de bourgeois des villes – parmi lesquels il y a des familles nobles –, de notables ruraux – paysans éleveurs enrichis – ainsi que d'une petite noblesse. La subite notoriété de ces vainqueurs a largement contribué à la cohésion de villes et de vallées pourtant farouchement attachées à leur souveraineté. Dès le XVe siècle, c'est la fonction de la Diète, assemblée de délégués, qui s'efforce de rédiger les premières réglementations uniformes. L'expression de « Confédérés » désigne les signataires

Les Suisses ont face à eux les chevaliers rassemblés par le duc Léopold III d'Autriche. La tradition légendaire insiste sur l'exploit d'un certain Arnold Winkelried. Cette fresque de 1551, réalisée dans la chapelle commémorative érigée sur le champ de bataille, le montre en train de saisir les lances ennemies pour ouvrir la brèche où vont s'engouffrer les fantassins confédérés (ci-dessous, à droite).

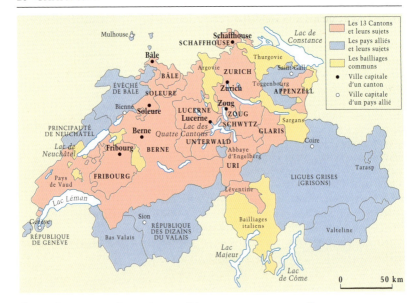

de ces documents, lesquels sont liés par serment. Parmi eux une charte, élaborée à la fin du XVe siècle et datée de 1481, équivaut à une garantie collective de la sécurité publique, avec l'interdiction des rassemblements qui préluderaient à des désordres. Elle peut être lue *a posteriori* comme une sorte de « Constitution », puisqu'on y mentionne, pour la première fois, les *« Orte der Eidgenossenschaft »*, ce que nous traduisons par les « Cantons de la Confédération ». Ils sont alors huit, alliés les uns aux autres par un réseau de liens contractuels très disparates. Au début du XVIe siècle, la Confédération comptera treize cantons, nombre qui ne changera pas avant le début du XIXe siècle.

Les mots pour le dire

Dérivé de l'italien, le mot « canton » est peu usité avant le milieu du XVIIe siècle : en effet, les territoires concernés sont à domination germanophone. Cet ancrage germanique se retrouve dans les termes d'une chronique du XVe siècle qui décrit la Suisse comme ensemble des « villes et pays de la grande, antique et

La mosaïque helvétique est un ensemble de territoires aux statuts différenciés reliés par des alliances peu homogènes. L'absence d'un lien institutionnel unique rend d'autant plus importantes les formes symboliques de concorde, d'où l'iconographie du serment d'alliance. Dans l'allégorie de 1485 qui décore l'hôtel de ville de Berne (à droite), treize guerriers portant les couleurs de leurs cantons respectifs lèvent la main droite pour prêter serment. Au premier plan, à gauche, l'ermite Nicolas de Flue, auquel on attribue une action conciliatrice lors de graves difficultés intestines vers 1481.

louable ligue de la très célèbre confédération des pays de haute Allemagne ». La désignation « Suisse » est avant tout une commodité de langage pour dire un conglomérat complexe de territoires aux statuts divers. Les cantons préfèrent alors se considérer comme « confédérés » (*Eidgenossen*). Si l'on rencontre déjà l'appellation de Confédération suisse (*Schweizerische Eidgenossenschaft*) au XVIIᵉ siècle, cette désignation devient officielle en 1815 seulement.

Durant toute la durée de l'Ancien Régime, les textes insistent toujours sur son appartenance à la nation allemande. Longtemps, l'aigle impériale à deux têtes a accompagné les insignes de la souveraineté des cantons. Ceux-ci font partie du Saint Empire romain germanique, dont ils constituent une composante à part entière bien que situés géographiquement sur les marges du grand ensemble impérial.

L'exemple de la vallée de Blenio, sous l'autorité conjointe des trois premiers cantons, eux-mêmes sujets de l'Empire germanique, symbolisé par une aigle bicéphale (dessin ci-dessus) est typique de la hiérarchie territoriale suisse d'alors.

Des mercenaires d'État

Un soir d'hiver de 1494, les habitants de Rome
médusés assistèrent à l'entrée du roi de France
Charles VIII. À la cadence sinistre des tambours,
le défilé des soldats suisses qui l'accompagnaient,
avec leurs étranges bannières où se distinguent
des ours et des taureaux, répandit l'effroi, selon
ce que rapportent les chroniqueurs.

C'est que leur valeur militaire
est largement admise : les princes
visent à s'assurer les services de
mercenaires suisses. Pourtant,
des images plutôt négatives sont
attachées à ces montagnards brutaux
et avides de pillage. Eux qui
s'enorgueillissent de leurs exploits
– « c'était chose bien merveilleuse de
voir si petit peuple braver l'Empire
romain et tous les Allemands », lit-
on dans une chronique – sont
vilipendés par les lettrés. « Des
brutes, des rustres, des têtes brûlées
[…] formés à la guerre depuis le
berceau, qui se délectent du sang des
Chrétiens », comme le dénonce
l'humaniste alsacien Jakob
Wimpfeling en 1505. Selon lui, les
Turcs manifesteraient plus de piété
que ces ignobles *sylvestres*
(« sauvages des forêts ») et *alpinates
inclementes* (« habitants des Alpes
dépourvus de clémence »)!

La Diète suisse s'est efforcée de
réglementer les usages de la guerre et d'empêcher
que le goût de la violence et l'esprit du lucre ne
dénaturent totalement l'idéal guerrier. En effet,
les succès en Italie au service de la France ont
décuplé les perspectives de gloire et de richesse. Il
s'instaure un système de pots-de-vin, versés par les
entrepreneurs de guerre qui viennent recruter des
mercenaires. Des sommes importantes sont offertes
aux personnes influentes, susceptibles de favoriser

Avant de s'installer à
Bâle, le graveur Urs
Graf (1485-1529) a lui-
même participé à des
campagnes militaires.
Dans sa stupéfiante
Armée sauvage (vers
1520, ci-dessous), il
exprime à la fois les
croyances aux grands
mythes de l'errance
des morts sur la terre,
l'armée sauvage des
revenants, et en même
temps une fascination
quasi érotique pour la
violence et la guerre.

les enrôlements. C'est pourquoi les pouvoirs publics ont cherché très vite à contrôler ce marché lucratif de la force de travail militaire. Seuls les gouvernements des cantons et la Diète peuvent agréer les enrôlements de soldats. Le mercenariat individuel non officiel est donc interdit et les recruteurs non agréés sont punissables. Voilà, au début du XVIᵉ siècle, le point de départ vers ce qui

Sous le nom de « guerre de Suisse », les chroniqueurs allemands désignent une série de razzias et combats très violents opposant en 1499 les petits États confédérés aux troupes souabes et autrichiennes de

va devenir peu à peu le fondement économique et social du système helvétique, à savoir le contrôle économique de la force armée par les cantons. L'officialisation du service militaire à l'étranger passe à travers ce qu'on appelle les « capitulations », soit des traités signés avec les employeurs et garantis par les pouvoirs publics, moyennant rémunération. Une étatisation en quelque sorte de la profession de mercenaire.

l'empereur Maximilien. Ce conflit interne à l'Empire est dû au refus des cantons et de leurs alliés des Grisons de participer à la modernisation des institutions impériales, prémices d'une prise de distance vis-à-vis de l'autorité impériale.

Le traumatisme de Marignan

Il faut aussi retenir un moment de grande politique entre 1510 et 1515. Les Confédérés renoncent momentanément à suivre le roi de France pour se rapprocher de la papauté, qui incarne une sorte de résistance nationale italienne à l'envahisseur dans une alliance avec l'Espagne et la République de Venise. En culbutant à Novare en juin 1513, une armée pourvue de cavalerie et d'artillerie, les Suisses s'opposent au roi de France Louis XII. Toutefois, ils se trouvent isolés diplomatiquement après la dissolution de la Sainte Ligue, plus attentifs à dépouiller les morts qu'à conforter les résultats politiques de leurs hauts faits et organiser le contrôle d'un territoire, les riches terres lombardes en l'occurrence. Lors de la nouvelle offensive française, du roi François Ier cette fois, les Suisses se laissent piéger par la tactique complexe de l'adversaire. À terme, la manière fruste de concevoir la guerre par l'engagement compact de piquiers et hallebardiers n'est plus à même de soutenir les chocs modernes, où la préparation d'artillerie et l'engagement de cavaliers cuirassés accompagnent le mouvement des fantassins. Pour eux, la bataille de Marignan des 13-14 septembre 1515 est un désastre. Pour la France, en revanche, cette bataille met fin à « l'une des grandes malices » de l'histoire, selon l'expression d'un chroniqueur. En effet, en donnant à leurs succès militaires la prétention de dompter les princes, les Suisses auraient trop longtemps fourni un détestable exemple à tous les dépendants, celui du renversement de l'ordre social !

Exploit extraordinaire d'un jeune roi : le lion français tient enchaîné l'ours suisse.

La défaite des Suisses à Marignan en 1515 est l'un de ces événements aux ramifications multiples et aux résonances complexes dans la mémoire collective. Sur le front diplomatique, il marque le début d'une politique de rapprochement avec la France, qui transforme peu à peu les cantons en alliés

protégés de la monarchie française. La Paix perpétuelle de Fribourg est signée en 1516 par les treize cantons et leurs alliés; elle est suivie d'un traité d'alliance défensive en mai 1521. Celui-ci accorde en outre à la France l'accès au plus important marché d'hommes d'Europe.

Comment se construit un territoire

Les conflits des XVe et XVIe siècles ont façonné durablement l'espace territorial. Ainsi, au moment des guerres d'Italie, les cantons se voient reconnaître au sud des Alpes la possession de quelques conquêtes de langue italienne, transformées en « bailliages » (territoires sujets). Les rebondissements de la politique transalpine confirment également l'agrandissement vers l'ouest, amorcé au moment des guerres contre la

Marignan, « bataille des géants » remportée par un nouveau César ! Pour la première fois, les Suisses, réputés invincibles (identifiables à leurs étendards, en haut à gauche), sont vaincus. L'événement a un retentissement important. Les poètes le célèbrent, les chroniqueurs le narrent, en français, allemand, espagnol, italien. Mis en musique par Clément Janequin, « La défaite des Suisses » est l'un des airs à succès du XVIe siècle.

Bourgogne, par les villes-cantons de Berne et de Fribourg durant les années 1470. Cela entraînera l'incorporation de territoires de langue française. L'occasion décisive se présente en 1536, quand François Iᵉʳ s'attaque à la Savoie.

En 1501, les bourgeois de Bâle réunis en assemblée prêtent serment pour sceller l'alliance de leur ville avec les autres cantons.

Les Bernois occupent alors le pays de Vaud et s'avancent même au sud du lac Léman : l'avenir de Genève et Lausanne est désormais tracé. Si la ville épiscopale de Genève échappe au statut de bailliage conquis, c'est probablement parce que les bourgeois se sont mis d'emblée sous le protectorat de Berne qui abolit le pouvoir de l'évêque, représentant du pouvoir ducal. Du même coup, la ville s'émancipe définitivement du pouvoir du duc de Savoie et prend le statut de République alliée des Suisses.

Quant à Lausanne, autre ville épiscopale, elle vit une situation plus délicate, à cause de l'intérêt porté aux vastes et riches contrées rurales alentour. C'est donc bien d'une conquête du pays de Vaud qu'il s'agit, l'occupant réorganisant à son avantage les possessions épiscopales et celles qui dépendaient du duc de Savoie. Les villes et seigneuries conquises formeront désormais des bailliages que l'on appelle « romands » (synonyme de « francophones »). La puissante République de Berne devient la plus importante cité-État du Nord des Alpes.

À l'intérieur même des cantons et des pays alliés, la subordination des campagnes se généralise quand une ville-capitale a réussi à dominer à son avantage le territoire avoisinant et ses habitants considérés comme des « sujets ». Se sont ainsi constitués les cantons de Berne, Zurich, Lucerne, Fribourg, Soleure, Bâle et Schaffhouse, autant de petites républiques urbaines indépendantes. Dans les petits États où des communautés de vallées ou de communes disposent du pouvoir souverain, la dépendance est également de règle pour certaines portions de leurs territoires. Ainsi la Léventine est sujette du canton d'Uri, la Valteline du pays allié que constituent les Grisons, appelés alors Ligues grises. Le Bas-Valais est sous la domination du Haut-Valais, un pays allié des cantons, en outre principauté épiscopale.

Depuis le début du XVIᵉ siècle, on compte treize cantons souverains ainsi qu'une quinzaine de pays

Pour les cantons, la conquête n'est que l'un des moyens d'agrandir leur territoire, comme en 1536, lors de la « libération » de Genève par la ville de Berne, évoquée dans le dessin ci-dessous par un ours

– emblème de la ville –, armé et victorieux. Ces transferts de juridiction sur des espaces compacts, pour spectaculaires qu'ils soient, ne doivent pas occulter les procédés habituels par lesquels les villes ont peu à peu grignoté des possessions : accueil dans la bourgeoisie locale des habitants résidant à l'extérieur des enceintes, appropriation de seigneuries par achat ou en profitant des déboires financiers de leurs ayants droit. La ville de Berne s'est montrée des plus actives dès 1300 en étendant son droit de cité à d'autres villes, à des couvents et à des nobles, ce qu'on appelle une « combourgeoisie ».

Ulrich Zwingli (ci-contre, et, ci-dessous, son ouvrage de 1525, défense de la « vraie religion » et critique de la « fausse ») étudie en latin à Bâle, le grand centre intellectuel du territoire suisse, ainsi qu'à Berne, Vienne et peut-être à Paris. Il est pétri de scholastique aristotélicienne, mais se frotte à l'humanisme

alliés. Cette configuration territoriale bigarrée va résister jusqu'à la fin de l'Ancien Régime, soit jusqu'en 1798 lors de la Révolution helvétique.

Zwingli et la Réforme

L'humanisme trouve ses marques en Suisse au XVIᵉ siècle. Cet état d'esprit et ce mode de pensée sont liés à une certaine prospérité économique de type urbain. Bâle, tout particulièrement, est un important centre de l'industrie du papier et de l'imprimerie. Cette dernière, inventée en Allemagne au milieu du XVᵉ siècle, révolutionne la diffusion de l'écrit et attire dans la cité rhénane des humanistes comme Érasme et des artistes illustrateurs de livres, tel Hans Holbein. La valorisation des vedettes intellectuelles et des héros militaires constitue l'une des facettes de la

naissant. Parce qu'il s'oppose au service militaire étranger, il doit abandonner sa charge de curé de Glaris. Il noue une correspondance avec Gláréan et Érasme, les humanistes de Bâle. Sa réputation de savant lui vaut d'être nommé curé principal de la ville de Zurich. Dès 1518, il est en contact avec Luther. En 1519, il survit à une épidémie de peste : c'est pour lui une expérience mystique. Il en retire la conviction qu'il faut prêcher selon l'Évangile.

promotion de l'individu, maître de son destin, un trait spécifique à l'époque. C'est dans ce contexte intellectuel qu'émerge une foi religieuse qui responsabilise l'individu, base de la Réforme. Celle-ci suit un modèle original, totalement indépendant bien que parallèle à l'action de Luther dans les États germaniques.

Les principaux acteurs de la Réforme ont suivi de près l'échec militaire italien. Ulrich Zwingli (1484-1531), le réformateur de Zurich, a accompagné les troupes suisses en tant qu'aumônier. Les expériences traumatisantes des champs de bataille jouent un rôle important dans son évolution spirituelle. Les bénéficiaires des pensions militaires lui apparaissent comme les principaux adversaires de l'Évangile. À son sens, la défaite de Marignan a été voulue par Dieu ; elle est rétribution pour les péchés, punition divine. Si Dieu a béni les guerres des XIIIe et XIVe siècles en un temps où les Suisses étaient encore un peuple élu, la malédiction semble s'attacher aux guerres menées au nom des princes étrangers, par appât du gain. Voilà pourquoi la composante anti-mercenariat est essentielle dans le discours des promoteurs du changement religieux.

Les réformateurs se sont dressés contre l'habitude des expéditions guerrières et la fascination qu'elles exercent sur les jeunes, en en dénonçant le caractère anarchique, démoniaque et païen. Or, le service militaire, sous la forme de l'émigration temporaire et la vente de la force de travail à des entrepreneurs de guerre, fonde structurellement l'économie de plusieurs cantons. Veut-on continuer à profiter des revenus de la guerre ? À Zurich, le virage est vite pris. Si l'action réformatrice de Zwingli commence en 1521, ses premiers effets ne sont pas religieux mais politiques. En 1521, la ville refuse l'alliance avec la France et, l'année suivante, le Conseil décide

Les artistes suisses de la Renaissance ont contribué à valoriser le service étranger. Sorte d'idole populaire de l'ancienne Confédération dont il incarne la puissance et la liberté, le mercenaire fringant dans un costume chamarré, son habit à crevés (les fentes du tissu qui laissent apparaître d'autres couleurs comme on le voit encore dans l'uniforme des gardes pontificaux), peut acquérir la gloire mais aussi sombrer dans la misère. Tel est le message critique de cette allégorie de la Guerre.

l'interdiction du service militaire à l'étranger.
À Berne, en 1528, la messe est abolie sur tout le
territoire, les couvents supprimés, les « idoles »
enlevées des églises. En 1530, le service étranger
y est également interdit.

Une fois Berne passée à la Réforme, les dernières
réticences sont levées ailleurs. C'est ainsi que les
villes-cantons de Bâle et Schaffhouse, comme les
villes alliées de Saint-Gall, Bienne et Mulhouse
suivent l'impulsion bernoise en 1529. Les idées
nouvelles font des percées dans les cantons de
Glaris et d'Appenzell, ainsi que dans certaines
régions des Grisons, un autre pays allié.

Calvin (ci-dessus)
n'a pas été mêlé aux
guerres de religion entre
les cantons. Durant
le conflit de 1529, les
armées réformées et
catholiques ne font que
s'observer. Contre l'avis
de leurs chefs, les
hommes fraternisent.
La tradition situe à ce
moment l'épisode de la
soupe au lait (une sorte
de fondue !) qu'auraient
partagée les soldats
(ci-dessous).

Calvin à Genève

En 1536, Berne impose sa foi réformée au pays de
Vaud, nouvellement conquis, et crée les conditions
favorables au passage de Genève à la Réforme. La
même année, chassé par la guerre entre la France
et l'Empire, un jeune théologien d'origine picarde du
nom de Jean Calvin (1509-1564) se voit contraint au
détour par Genève, où il ne séjourne d'ailleurs que

brièvement. Quand il revient s'y
installer définitivement, en 1541,
à l'appel des autorités locales, il
trouve une ville déjà acquise au
changement religieux. Cependant,
l'importance de Calvin se situe sur
un autre registre. En effet, ce sont
les thèses du réformateur français
qui vont peu à peu cimenter l'unité
du protestantisme suisse. Face au
catholicisme qui se restructure
après le concile de Trente, face aux
luthériens allemands et à la menace
politique que représente l'Empire,
les réformés suisses se retrouvent
dès 1566 sur une ligne originale, celle
de l'orthodoxie calviniste. Sur cette
base doctrinale forte, Genève a pu
incarner la « Rome protestante »
dans l'Europe du XVIIᵉ siècle.

Des antagonismes religieux durables

Mais la Réforme suppose aussi une
logique conflictuelle sur la base des différences
religieuses. L'aboutissement en est la constitution
d'ensembles territoriaux protestants d'un côté, de
régions attachées au catholicisme de l'autre,
toujours exclusifs et farouchement antagonistes. Les
quatre villes-cantons réformées se heurtent à une
majorité de six cantons fidèles à l'ancienne foi alors
que les trois cantons restants sont plutôt partagés.

Tous les types d'affrontement sont bien sûr
représentés, qu'ils soient verbaux, écrits, symboliques,
diplomatiques et directs. Après la guerre de 1531,
les deux confessions s'installent sur les positions
acquises : à chaque territoire sa religion déterminée
par la volonté du prince, donc ici des autorités du
canton. Cette territorialisation des différences de
croyances est aussi une manière d'en faire
l'expérience. Leur juxtaposition prépare à terme
la tolérance, un processus qui sera précocement
réalisé au début du XVIIIᵉ siècle déjà, après d'autres
conflits armés (en 1656 et 1712).

L'histoire de la Réforme
rédigée par Heinrich
Bullinger, le successeur
de Zwingli (mort en
1531 à la bataille de
Kappel), mentionne
les mouvements
populaires spontanés
qui, dès 1523, brisent
crucifix et statues.
Pour canaliser cette
violence, la destruction
des images religieuses
(iconoclasme) est
organisée
systématiquement par
le Conseil de Zurich.
C'est la première fois
en Europe qu'une telle
mesure est prise.
Elle s'accompagne de
l'abolition de
nombreuses fêtes
religieuses. L'éthique
du travail remplace
les rituels festifs.

La France préserve la Confédération de l'éclatement

L'alliance de 1521 avec la France doit être renouvelée à chacun des règnes. C'est le cas en 1549 avec Henri II, en 1564 avec Charles IX, en 1582 avec Henri III, plus difficilement avec Henri IV en 1602. En échange des fournitures de soldats, les avantages obtenus pour les marchands suisses, les opportunités d'études dans les universités françaises, l'assurance d'un approvisionnement facilité en sel – produit nécessaire à l'élevage mais dont les cantons manquent – ne sont pas négligeables non plus. Le plus important néanmoins est que les cantons et leurs alliés, engagés malgré leurs divisions dans le réseau politique dominé par le royaume de France, présentent un semblant d'unité. Ils en profitent largement durant les bouleversements que va connaître le continent européen au XVIIe siècle.

Au traité du 7 juin 1549 avec Henri II sont attachés les sceaux de onze cantons, de six alliés et du roi de France (ci-dessus). Les villes-États réformées de Berne et Zurich restent à l'écart de cette alliance, tout comme les villes alliées de Bienne et Rottweil.

La guerre de Trente Ans, en particulier, a des conséquences importantes pour l'indépendance de la Suisse : les traités de Westphalie de 1648 consacrent une évolution en cours depuis le XVe siècle, celle du relâchement des liens entre la Suisse et l'Empire. Terres marginales, les cantons échappent de plus en plus au processus de territorialisation dynastique subi par les États allemands dominés par des princes. Poussés par la France, les cantons obtiennent l'« exemption d'Empire ». Ce privilège sera interprété peu à peu comme un statut de pleine souveraineté, donc d'indépendance, même si formellement elle n'est acquise définitivement qu'en 1803.

Leur souveraineté préservée, les cantons la doivent pour bonne part à la politique de la France. Attentive à renforcer un territoire qui sert de glacis protecteur du côté de l'Autriche, elle puise aussi dans son grand marché d'hommes. Les cantons continuent à fournir au roi un nombre appréciable de soldats disciplinés, encadrés dans des régiments commandés par des officiers suisses selon un système officiel de recrutement. L'alliance est reconduite avec faste en 1663 sous Louis XIV,

Un siècle plus tard, les cantons réformés ont surmonté leurs réticences. Les treize cantons sont donc partie prenante du renouvellement de l'alliance, avec quelques pays alliés (l'abbaye et la ville de Saint-Gall, le Valais, Mulhouse et Bienne). Pour la cérémonie de prestation de serment en 1663, une nombreuse délégation des cantons (pas moins de 230 personnes) fait le déplacement de Paris. Un voyage plein de situations cocasses d'après le récit du bourgmestre de Zurich Johann Heinrich Waser. Les Suisses, pas plus habitués aux fastes de la cour qu'aux coutumes locales, sont prompts à crier à l'empoisonnement lorsqu'on leur sert du pastis ! Durant environ quinze jours se succèdent fêtes et bombances aux frais de Louis XIV, qui reçoit personnellement les ambassadeurs des cantons (ci-contre). Devant le roi s'incline le bourgmestre de Zurich suivi des autres Suisses, en costumes sombres, certains avec des fraises démodées, tous portant la barbe, singularité par rapport à la mode du temps. Le roi est représenté avec la taille rehaussée, pour signifier l'évidence de sa prédominance. Une cérémonie à Notre-Dame sera l'occasion de renouvellement du serment de l'alliance sur l'Évangile.

plus péniblement et partiellement en 1715, puis une dernière fois en 1777. À l'intérieur, la pression de la France préserve des équilibres fragiles et contribue à apaiser les tensions. Dans l'ombre de la monarchie, les cantons suisses d'Ancien Régime apparaissent un peu comme une sorte de protectorat.

Un modèle aristocratique

Si les villes libres de l'Empire germanique et les Républiques des Pays-Bas servent de références idéologiques, c'est surtout Venise qui incarne l'idéal jamais égalé du « patriciat » urbain. Il est toutefois probable que, dans les villes allemandes et italiennes, l'exclusivisme politique n'ait pas atteint les proportions que l'on rencontre dans les républiques urbaines du Plateau suisse. Elles en présentent la variante la plus achevée sous la forme exclusive qui domine à Berne, Lucerne, Fribourg et Soleure.

Toute la réalité sociale suisse du XVIIIᵉ siècle est visible sur cette aquarelle. La résidence d'un seigneur de la famille von Effinger surplombe son vaste domaine où s'activent les paysans. Il est également membre du patriciat de la ville-canton de Berne et participe à la vie politique de la République. On le voit au premier plan, avec son veneur et ses chiens. Comme à la campagne il n'est pas nécessaire de rendre visible l'austérité républicaine, notre homme a troqué l'habit noir pour des vêtements colorés à la dernière mode de Paris.

L'expression de « patriciat » désigne les citoyens politiquement privilégiés. En effet, les élites au pouvoir accaparent peu à peu tous les rouages de l'État et bloquent l'accès à la « bourgeoisie ». Ce statut juridique conditionne l'acquisition du droit de résidence, indispensable à la jouissance des droits politiques qui en découlent, comme à l'obtention de l'autorisation d'exercer une activité économique. Le processus se déroule subrepticement dans la longue durée, avec un point culminant vers 1700. Il repose d'abord sur les entraves financières mises à la réception de nouveaux « bourgeois » et aboutit au rétrécissement de la base sociale des bénéficiaires du pouvoir.

Emmanuel Niklaus von Willading (1731-1794, ici, en costume officiel de conseiller) connaît le parcours typique d'un membre d'une grande famille patricienne suisse. Issu de la ville et République de Berne, il se voue au service de l'État. Il administre un bailliage dans le pays de Vaud, puis devient magistrat, en accédant par cooptation au Petit Conseil, l'organe administratif collégial de la République. Il ira jusqu'au poste de banneret, fonction administrative et policière, mais n'obtient pas la charge suprême d'avoyer, qui l'aurait placé à la tête de la cité.

Les microcosmes sociaux des cantons et de leurs alliés apparaissent comme singulièrement repliés sur les privilèges de leurs élites. Des systèmes compliqués de conseils et d'assemblées régissent les affaires publiques. Autant par analogie avec les aristocraties princières que par nécessité, les membres des oligarchies bourgeoises imitent le mode de vie seigneurial. Ils possèdent des résidences de prestige à la campagne alors que, l'idéologie républicaine étant à la parcimonie, les habitations principales dans les villes évitent le style ostentatoire. Les élites patriciennes parlent le français, langue de la philosophie en vogue et de la diplomatie.

Les Lumières suisses

Malgré la taille restreinte de ses États et de ses villes, l'espace helvétique participe entièrement à la dynamique européenne des Lumières par la vitalité de ses centres intellectuels et par les contributions de ses penseurs et savants, en particulier dans les sciences naturelles, l'étude des textes médiévaux et l'histoire. Si l'anticléricalisme et les proclamations d'agnosticisme ou même d'athéisme accompagnent constamment la version française des Lumières, le courant germanique auquel appartiennent en majorité les penseurs suisses s'accommode beaucoup mieux d'une vision où science et religion ne sont pas forcément incompatibles.

Zurich, Berne, Bâle et Genève connaissent au XVIIIe siècle un authentique essor scientifique avec des savants de réputation européenne tels

Sous le regard d'Hérodote, le peintre Johann Heinrich Füssli s'est mis en scène conversant avec son maître, l'historien Johann Jakob Bodmer. Les républiques antiques servent de modèle aux penseurs éclairés qui souhaitent améliorer le fonctionnement des institutions et développer un sentiment national au-delà du cloisonnement des cantons.

Jean Bernoulli, Johann Jakob Scheuchzer, Albert de Haller, Leonhard Euler, Charles Bonnet ou Horace Bénédict de Saussure. Zurich, qui se considère volontiers comme l'Athènes de la Limmat, acquiert momentanément une audience européenne avec l'historien Johann Jakob Bodmer dont le magistère marque une génération littéraire et artistique. L'esthète Johann Georg Sulzer, le peintre Johann Heinrich Füssli ou le pédagogue Johann Heinrich Pestalozzi furent de ses disciples.

À Bâle, Zurich et Genève, des imprimeurs réputés publient depuis le XVIᵉ siècle des bibles et des ouvrages théologiques. Après 1750, les publications se diversifient.

Mais toutes les villes participent à ce grand mouvement de diffusion des connaissances par la multiplication de l'écrit et des lieux où s'échangent les idées et s'élabore le savoir. L'édition est en plein essor aussi comme le démontrent quelques aventures hors du commun. C'est par exemple à Yverdon que l'imprimeur d'origine italienne Fortuné-Barthélemy de Félice réussit le tour de force d'éditer entre 1770 et 1780 une refonte complète de l'*Encyclopédie* de Diderot et d'Alembert en 58 volumes in-quarto! C'est à Neuchâtel que la Société typographique fondée en 1769 devient le plus important distributeur de livres d'Europe. Profitant de sa situation géographique favorable à déjouer les contraintes de la censure en France, cette entreprise d'édition imprime elle-même de nombreux best-sellers en contrefaçon, mais tous les classiques de la pensée des Lumières figurent dans ses catalogues.

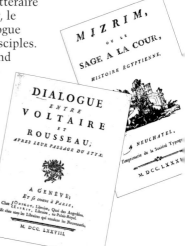

Quant à Jean-Jacques Rousseau (1712-1778), même si sa vie ne fut qu'une longue errance, n'oublions pas qu'il est né à Genève. Les réminiscences de l'organisation politique idéalisée de la Cité de Calvin, alors ville alliée de quelques cantons, alimentent sa philosophie politique. Avec son roman épistolaire *La Nouvelle Héloïse* (1761), il a contribué à faire connaître en France les stéréotypes du bonheur alpestre, du goût de la liberté et du beau paysage inventés par les penseurs suisses (Albert de Haller et Béat Louis de Muralt en particulier).

Non seulement les textes de Montesquieu, Voltaire et Rousseau paraissent en langue originale mais aussi les grands classiques du droit, de l'histoire, des sciences, de la poésie, tous les ouvrages devant éviter la censure. *Mizrim ou le sage à la cour* (1782) de Jean-André Perreau, contenant des allusions critiques à l'actualité politique française, en fait partie. Les imprimeries doivent néanmoins obtenir une autorisation du gouvernement de leur canton.

C'est en 1848, dans le contexte très particulier des révolutions européennes, que la Suisse se dote, pour la première fois de son histoire, d'un État national à structure fédérative, avec un véritable gouvernement central stable. Sur cette base s'expérimentent ensuite des formules consensuelles de démocratie semi-directe, plutôt singulières pour l'observateur extérieur.

CHAPITRE 2

LA SUISSE MODERNE (XIXᵉ-XXᵉ SIÈCLE)

La polarisation des opinions est sensible depuis la Révolution de 1798 qui introduit le drapeau républicain (ci-contre). Après 1918, la peur du bolchevisme domine la vie politique. L'affiche de propagande électorale du parti radical (à gauche) oppose le choix de la prospérité (« *Unter dem freisinn* ») au chaos communiste (« *dahin führt der bolschewismus* »).

Révolution française, Révolution helvétique

La Suisse avait-elle besoin d'une révolution ? La conviction des élites de vivre dans un pays heureux qui, de plus, a su conquérir la liberté dès la fin du Moyen Âge, rend à première vue très ambiguë cette idée. Les plus éclairés pensent à des réformes qui amélioreraient le fonctionnement des institutions existantes. On envisage le changement moral et non pas un bouleversement politique.

La confrontation avec la Révolution française a d'abord été verbale. L'ensemble des événements que les analystes locaux considèrent en 1789 comme les « troubles de Paris » va

Dévolus à la protection rapprochée de Louis XVI, 300 soldats et officiers du régiment des gardes suisses, ayant reçu l'ordre de déposer les armes, se font massacrer le 10 août 1792 par la foule qui envahit les Tuileries (ci-dessus). L'événement a des répercussions très importantes dans les cantons où beaucoup de familles de l'aristocratie perdent l'un des leurs.

La résistance à la Révolution se développe, qui se sert de la figure de Guillaume Tell pour sa propagande contre-révolutionnaire. Tell, accompagné de son fils, vainc l'allégorie d'une Suisse pervertie, chimère à trois têtes, dont l'une a tête d'ours portant le bonnet phrygien des sans-culottes. Sur le bouclier du héros, le serment du Grütli réactive la mémoire d'une Suisse authentique. La figure de Guillaume Tell a aussi servi de référence aux jacobins admirateurs du tyrannicide.

progressivement métamorphoser le sens des mots : liberté et égalité, concepts qui figuraient en bonne place dans les références idéologiques des Républiques suisses, se chargent progressivement d'un sens nouveau, celui qui donne aux individus des droits, avant les corps dans lesquels ils sont insérés. Marqués par les bouleversements tragiques qui entourent la fin de la monarchie bourbonienne, obsédés par la contagion subversive, les dirigeants des cantons ne peuvent entraver la contamination idéologique. À terme, elle détermine la chute de l'ancienne Confédération.

La fin de l'Ancien Régime intervient au printemps 1798. Elle est précédée par toute une série de mouvements révolutionnaires dans les campagnes sujettes, qui s'affranchissent spontanément de la tutelle des aristocraties urbaines. Elle est assurée par l'intervention armée de la France du Directoire : celle-ci impose une réorganisation complète des institutions. Sur le modèle français, la République helvétique, proclamée le 12 avril 1798, donne au pays une structure unitaire et un régime politique centralisé.

Cette mise sous tutelle ne suffit pas à enrayer une instabilité politique chronique. L'intervention de Bonaparte en 1803 y trouve une justification. Sous le régime dit de la Médiation (1803-1814), la Suisse peut dès lors continuer à expérimenter un certain nombre d'innovations. Les anciens bailliages sont supprimés ou transformés en cantons (Vaud, Argovie, Thurgovie, Tessin), ce qui est aussi le cas de deux pays alliés (Saint-Gall et les Grisons). On passe donc de treize à dix-neuf cantons. Les inégalités territoriales sont ainsi définitivement gommées, de même qu'est aboli le statut de sujet. Les grandes idées révolutionnaires sur les droits individuels, l'État et la Nation imprègnent durablement l'esprit public.

Il s'agit pour la France révolutionnaire de réveiller les Suisses endormis (ci-dessous). Le génie de la France apporte de nouvelles armes à l'archétype du héros et guerrier suisse assis sur les trophées récoltés lors des guerres contre les Habsbourg et contre le duc de Bourgogne aux XIVe et XVe siècles ! Une ambiguïté fondamentale de la Révolution est qu'elle prétend apporter la liberté à un pays qui se considère comme le

LE REVEIL DU SUISSE

Hommage présenté au Directoire exécutif de la République Helvétique

berceau de la liberté ! Le 1er mars 1798, avant de s'attaquer à la République de Berne, le général Guillaume Brune publiera une proclamation dans laquelle il déclare : « Suisses de tous les cantons, unissez-vous ! »

La période révolutionnaire inaugure aussi un système efficace de découpages administratifs, de la commune au canton. C'est sur cette base que se définit la citoyenneté suisse octroyée à tous les bourgeois, communiers et habitants. La nouvelle commune politique est le lieu où s'exercent les droits politiques. Toutefois, la législation conserve aux seuls bourgeois la gestion des anciens biens des communes. C'est pourquoi la Suisse moderne a cette particularité d'une double appartenance ou d'un dualisme communal : la citoyenneté suisse d'une part, attachée à la résidence dans une commune, et l'incorporation à une commune bourgeoise d'autre part, que manifeste jusqu'à aujourd'hui l'inscription du « lieu d'origine » dans les papiers d'état civil. Vestige d'une pratique qui remonte au XVIe siècle, avec le souci de garantir en cas de besoin l'assistance des communes à leurs ressortissants.

Vers un État national

Les revers de Napoléon en 1813 réveillent les tensions entre ceux qui rêvent d'un retour à l'ancien ordre des choses et les partisans de la modernisation. Incapables de s'entendre, les cantons doivent à la pression des puissances coalisées, en particulier l'Empire russe, de s'être résignés à adopter un document connu sous le nom de Pacte de 1815. Plutôt que d'une véritable Constitution, il s'agit d'une sorte de contrat qui règle les questions de sécurité intérieure. Les vainqueurs de Napoléon – Autriche, Russie, Prusse, Angleterre – interviennent aussi pour fixer définitivement les frontières, en agrégeant trois nouveaux territoires, qui deviennent en 1815 des cantons à part entière : Neuchâtel, le Valais et Genève. On passe ainsi de dix-neuf à vingt-deux cantons. Mais surtout, les Puissances se concertent pour reconnaître au petit État un statut de neutralité permanente.

On adopte en 1814 un sceau officiel pour la Confédération suisse, que l'héraldique décrit « de gueules à la croix alésée d'argent ». Les blasons des vingt-deux cantons de 1815 entourent le blason central de la nation. À quelques aménagements près, le périmètre et la surface de la Suisse (40 000 km^2) sont fixés en 1815, tels que dans cette carte de 1848.

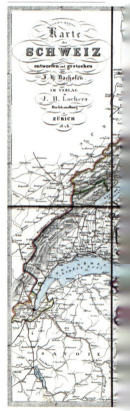

Durant les années 1820-1840, les tensions demeurent vives autour d'un enjeu majeur. La Suisse veut-elle se donner les conditions cadres qui lui permettront d'exister comme une véritable nation et comme un État ?

La mise en place d'une structure politique coiffant l'autonomie des cantons occupe une vingtaine d'années, au travers de nombreux conflits, qui tendent à se polariser autour de deux familles de pensée. D'un côté les libéraux, partisans de la création d'un État central garant des libertés individuelles et du droit à la propriété, renforcent leur mouvement sous l'appellation de *Freisinn*.

En 1840, l'emblème de la croix blanche sur fond rouge est adopté par les contingents militaires des cantons. Le drapeau suisse actuel est officialisé en 1889. Il demeure aujourd'hui le seul dans le monde à présenter une forme carrée.

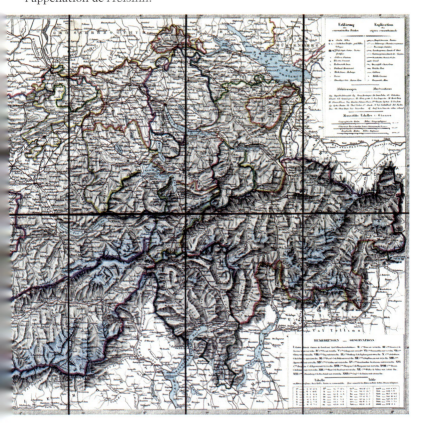

Cette expression, rendue en français par le mot « radical », signifie littéralement « éclairé », au sens des Lumières. De l'autre, opposés au progrès tel que le comprennent les libéraux-radicaux, les conservateurs se présentent comme les garants du Pacte de 1815. Ces derniers se laissent enfermer par leurs adversaires politiques dans une problématique confessionnelle. En effet, les radicaux savent exploiter l'anticléricalisme populaire, en agitant l'épouvantail de la toute-puissance des Jésuites, que l'opinion soupçonne de vouloir insuffler la contre-révolution. Le catholicisme se trouve vite associé au conservatisme politique.

La crise atteindra son paroxysme en 1847, lorsque les radicaux majoritaires obtiendront la réduction par la force des cantons catholiques – Uri, Schwytz, Unterwald, Lucerne, Zoug, Fribourg et le Valais –, regroupés en une alliance séparée, ou *Sonderbund*. Dans la foulée, surfant sur ses succès, le radicalisme a surtout su imposer à la Suisse une nouvelle structure fédérative. La Constitution fédérale (*Bundesverfassung*) du 12 septembre 1848 crée l'État fédéral. La Suisse moderne est née.

La dissolution par les armes de l'alliance des cantons catholiques du *Sonderbund* est décidée par une majorité de cantons en octobre 1847. En novembre, la guerre civile dure à peine trois semaines. Disparates et mal coordonnées, les troupes du *Sonderbund* sont surclassées par l'armée fédérale du général genevois Guillaume-Henri Dufour (1787-1875). Attaqués l'un après l'autre, les cantons sécessionnistes capitulent. Ci-dessus, l'armée fédérale traverse la Reuss pour attaquer la ville de Zoug, chef-lieu du canton du même nom. Cette guerre marque le triomphe de la modernité sur la tradition.

Le système fédératif

Sous l'appellation traditionnelle de « Confédération », encore en vigueur aujourd'hui, même si le mot ne correspond plus à la réalité institutionnelle, c'est un système entièrement neuf que met en place la Constitution, par l'édification d'un État fédératif. La loi fondamentale transforme la Suisse en un État national, avec des compétences qu'elle circonscrit étroitement : affaires étrangères, défense militaire, travaux publics, formation supérieure, administration des douanes et des postes ainsi que régale des monnaies. Cette énumération suffit à montrer les limites de la centralisation opérée en 1848. Les cantons demeurent des États souverains, dans tous les domaines où leurs pouvoirs ne sont pas limités par la Constitution, soit l'école, la santé, la fiscalité, la police et la justice. Une solution de compromis permet un équilibre entre ce qu'on appelle l'élément cantonal et l'élément national.

Dans cette allégorie de l'adoption de la Constitution fédérale en 1848, le graveur a repris le modèle des estampes du XVIIIᵉ siècle. La Suisse nouvelle, représentée par une figure féminine, Helvetia, reçoit des mains d'un guerrier sa couronne, comme pour rappeler le rôle de l'armée dans le dénouement de la crise. Elle présente la Constitution au peuple (masculin sans exception !). Sur la frise, l'ordre officiel des cantons se lit depuis le centre, puis vers la gauche et la droite. On commence par Zurich, Berne, Lucerne puis

En quelque sorte, la « volonté nationale » passe par la concordance des intentions cantonales et des desseins du peuple souverain. C'est pourquoi le pouvoir législatif est assumé conjointement par les Chambres fédérales : un conseil national de

selon la chronologie des alliances, jusqu'aux cantons récents, Neuchâtel (tout à droite), le Valais et Genève (tout à gauche).

111 députés (aujourd'hui 200), soit 1 pour 20 000 habitants (aujourd'hui 38 000), et un conseil des États de 44 sénateurs (aujourd'hui 46), soit 2 par canton. Ensemble ils forment l'Assemblée fédérale. Par ailleurs, la Constitution définit le rôle de l'exécutif fédéral : le conseil fédéral, gouvernement collectif de sept membres (les sept conseillers fédéraux), que préside l'un d'eux par rotation annuelle sous le titre honorifique de président de la Confédération.

La *Landsgemeinde*, assemblée solennelle des citoyens masculins, a été pendant des siècles l'autorité suprême des petits cantons du centre de la Suisse (ci-dessus à Hundwyl, canton d'Appenzell, vers 1887). Elle ne subsiste qu'en Appenzell Rhodes Intérieures et à Glaris. Ailleurs, les institutions politiques suisses sont organisées selon les formes modernes de la démocratie semi-directe dans un système fédératif. Les instances fédérales et cantonales s'organisent de façon similaire (voir schéma). Dans chaque canton, un parlement adopte les lois sous réserve de leur aval par référendum populaire, obligatoire ou facultatif selon les sujets soumis au vote. Le gouvernement, nommé « Conseil d'État » dans la plupart des cantons de langue française, dirige l'administration. Les juges fédéraux sont élus par l'Assemblée fédérale en respectant le dosage des langues, des régions et des partis politiques.

La démocratie semi-directe

Les spécialistes de science politique ont inventé l'appellation de « démocratie de concordance » pour désigner un curieux ensemble de procédures, expérimentées depuis le XIXe siècle : un exécutif collégial qui ne peut pas dissoudre le parlement et ne peut pas être renversé par lui ; des partis politiques concurrencés par des groupes d'intérêts occasionnels, profitant des instruments de la démocratie directe ; une méthode de gouvernement fondée sur la recherche du consensus le plus large possible.

Le système suisse s'avère hybride, ni parlementaire comme en Allemagne, ni présidentiel comme aux États-Unis. À l'instar d'un système parlementaire, c'est l'Assemblée fédérale (le parlement) qui choisit le Conseil fédéral (le gouvernement). Ainsi, théoriquement, la majorité parlementaire pourrait se réserver le pouvoir. De plus, les Chambres n'étant pas tenues de suivre les propositions du gouvernement qui gère le pays à la manière d'un conseil d'administration, le parlement a toujours le dernier mot. Mais, comme dans un système présidentiel, le conseil fédéral à peine élu est totalement autonome. On n'a jamais vu le remplacement intégral et simultané du conseil fédéral ! La stabilité paraît de règle et les démissions pour raison politique en cours de mandat sont rares. Elles interviennent dans quelques situations de crise, lors de la mise en échec d'une personnalité sur sa politique.

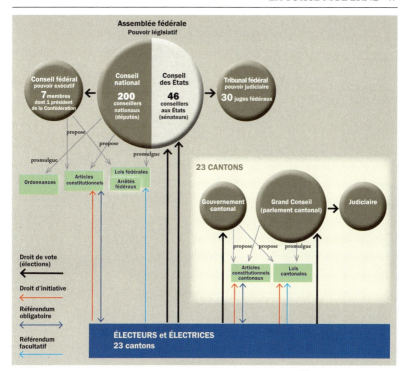

Durant la première moitié du XIXᵉ siècle, les cantons sont déjà largement démocratiques, grâce à l'usage fréquent du suffrage universel masculin et à l'habitude de faire avaliser les changements institutionnels par le corps électoral. La Constitution de 1848 a transféré ces dispositifs à l'échelon fédéral. Révisée une seule fois en 1874, elle reste en vigueur jusqu'à l'adoption d'une nouvelle loi fondamentale datée du 18 avril 1999.

Dès 1874, la Suisse expérimente le droit de référendum législatif, ce qui lui confère une dimension de démocratie plébiscitaire. Face à l'éventualité d'un échec devant le peuple, sollicité d'exprimer son opposition à une décision parlementaire, les élites politiques ont cherché le compromis et modifié en conséquence leurs pratiques de gouvernement.

L'existence du droit d'initiative populaire (à l'échelle fédérale, il faut recueillir 100 000 signatures pour déposer une initiative) est un trait caractéristique de la démocratie suisse, de même que la pratique fréquente du référendum à l'échelle fédérale ou cantonale. En 1978, le peuple suisse a ainsi entériné la formation du nouveau canton du Jura, séparé du canton de Berne à majorité germanophone. La Suisse compte depuis lors 23 cantons.

En inspirant l'écriture de l'histoire au XIXᵉ siècle, les radicaux contribuent à composer le roman de la Nation tout en faisant croire qu'ils sont les pères fondateurs et les créateurs des institutions de la démocratie semi-directe. Ils idéalisent l'ancienne Suisse, qui devient la « plus vieille démocratie du monde ». Plus largement, les élites urbaines revendiquent une identité paysanne et prisent les signes d'archaïsme et de ruralité. Les tableaux de genre d'Albert Anker (ici, *Les Paysans et la presse*, 1867) montrent des scènes de vie à la campagne, des intérieurs paysans où cohabitent en harmonie différentes générations. La carte des États-Unis au-dessus du « fourneau à catelles » (poêle en faïence) témoigne, déjà, d'un rêve d'Amérique, ou de la réalité de l'immigration outre-mer. Ci-dessus, le *Journal de Genève*, fin 1848.

Par sa pratique large du droit d'asile, la Suisse a la réputation d'abriter les proscrits et les révolutionnaires d'Europe. L'assassinat de l'impératrice Élisabeth d'Autriche (surnommée Sissi) en septembre 1898 à Genève conforte l'idée que le pays est un foyer de subversion anarchiste. Certes, le mouvement internationaliste a choisi la Suisse pour plusieurs de ses congrès, en particulier celui de Bâle en 1912. Lénine y a séjourné à maintes reprises, notamment de 1914 à 1917. De là vient l'idée que la Suisse a constitué un point d'appui pour fomenter la révolution bolchevique. Contrairement à la plupart de ses homologues européens, le parti socialiste suisse se montre réceptif à des positions très combatives. Cette dynamique de lutte va culminer avec la grève générale nationale de 1918, que représente (ci-contre) le peintre Karl Wirz (1885-1957). Il exalte le climat électrique que suscite la perspective du changement. Dans la réalité, en mobilisant rapidement plus de cent mille soldats (page de droite, en bas), le gouvernement sortit rapidement vainqueur de l'épreuve de force.

De surcroît, en 1891, avec l'adoption de l'initiative populaire, on opte pour une forme de démocratie de coopération. Par ce moyen, un groupe de citoyens peut suggérer l'introduction dans la Constitution de compétences nouvelles ou la modification de dispositions existantes. Ce système déplace donc vers le corps électoral une partie du mécanisme décisionnel.

De la confrontation à la paix sociale

Durant la seconde moitié du XIXe siècle, la société suisse s'avère très conflictuelle. Les catholiques vaincus en 1847 s'intègrent difficilement dans le nouvel État fédéral. Ce n'est qu'à la fin du siècle qu'ils participeront pleinement à la vie politique. Le parti conservateur catholique – l'actuel parti démocrate-chrétien – devient alors l'une des forces

Parmi les résultats indirects de la grève de 1918, il faut mentionner la réforme accélérée du système électoral avec l'introduction de la représentation proportionnelle pour les élections fédérales, comme si les élites au pouvoir avaient compris que le compromis est un moyen d'apaiser les conflits. À vrai dire, c'est une petite révolution politique qui permettra le renforcement au parlement des courants de gauche et l'apparition de nouveaux partis. Le mode d'élection à la proportionnelle existait déjà dans les cantons, le Tessin et Genève ayant été les premiers États en Europe à adopter cette innovation favorable aux minorités dès 1892-1893.

de la coalition gouvernementale, aux côtés du parti radical – aujourd'hui libéral-radical –, fortement majoritaire jusqu'en 1919.

À gauche, en revanche, et jusqu'au milieu du XXe siècle, le parti socialiste demeure dans l'opposition, sur des positions de lutte des classes tranchées. Particulièrement tendu avant la Première Guerre mondiale, avec de très nombreuses grèves, le climat social contribue à alimenter une peur générale de la subversion. La fracture sociale est consommée en novembre 1918, quand se déroule la seule grève

générale nationale qu'ait connue le pays. L'événement aura des répercussions durables, puisqu'il scelle la rupture entre le monde paysan, dont les hommes ont été mobilisés pour rétablir l'ordre, et les ouvriers qui sortent frustrés de l'expérience, car la plupart des réformes sociales attendues sont ajournées.

Durant l'entre-deux-guerres, la crise et les tensions internationales seront propices à la définition de positions plus consensuelles. C'est dans ce cadre que se situe le célèbre accord de paix du travail (1937) entre les industriels des machines et le principal syndicat de la branche. Il va faire ensuite école : la négociation et la conclusion de conventions collectives se substituent à la grève et à la confrontation. Voilà qui donne à la Suisse une cinquantaine d'années de paix sociale quasi intégrale.

Les grandes familles politiques se sont structurées en partis nationaux : le parti socialiste (1888), le parti radical et le parti conservateur (1894), le parti paysan (1936). Ils ont modifié ensuite leurs noms et adapté leurs programmes mais le parti radical est resté la référence de la droite bourgeoise dans sa résistance à la montée de la gauche (ci-dessous, affiche électorale, 1937).

La stabilité politique

La période qui suit la Seconde Guerre mondiale a nettement atténué les antagonismes entre les partis dits bourgeois et la gauche, malgré l'épisode de la Guerre froide qui a connu la chasse aux communistes et aux marxistes. Les tenants de leurs idées sont désormais bien intégrés, comme le démontre la participation régulière des socialistes au gouvernement à partir de 1959. À ce moment-là, on peut dire que le système politique suisse repose sur une répartition des forces, où droite et

VAUD

VOTEZ
RADICA

Litho R. Marsens, Lausanne

gauche sont contenues par le recentrement de tendances moins profilées. La donne politique va pourtant se compliquer singulièrement dès les années 1980 avec notamment la multiplication des formations, l'érosion relative des grands partis et l'affaiblissement du centre.

Deux forces prennent de l'ascendant : c'est d'abord le parti écologiste, dès sa création en 1979, dont le positionnement renforce plutôt la gauche ; ensuite la droite populiste connaît une poussée impressionante. L'UDC (Union démocratique du centre, anciennement Parti des artisans, paysans et bourgeois) se métamorphose pour devenir, au début

La survie économique de l'agriculture est un enjeu considérable dans les négociations avec l'Union européenne ou l'Organisation mondiale du commerce. C'est toute la culture politique suisse qui est imprégnée de références terriennes. Le parti paysan est devenu en 1971 l'Union démocratique du centre (UDC). Il a largement profité de

du XXIᵉ siècle, le premier parti en termes de suffrages. Aussi la polarisation gauche-droite joue-t-elle à nouveau dans une configuration où s'imposent partout les canons du néolibéralisme. Mais le positionnement dans l'éventail idéologique demeure un enjeu plutôt rhétorique dans la mesure où le fonctionnement politique, fondé sur la concordance, refuse de toute manière l'alternance pour viser l'intégration des forces.

la déstructuration du ciment social dans les années 1990 pour devenir le refuge des laissés-pour-compte de la mondialisation : paysans bien sûr mais aussi membres des classes moyennes qu'inquiète l'évolution économique.

« Schizophrénie », telle est l'expression forte utilisée il y a vingt ans par le géographe Claude Raffestin pour souligner à quel point la Suisse se complaît dans une position très paradoxale. Elle donne l'impression d'être restée confinée depuis toujours dans ses frontières étriquées – alors que par ailleurs l'économie suisse a investi le monde. Comme si la faiblesse relative d'un pays qui compte 7,8 millions d'habitants en 2010 était compensée par une force économique « diffuse et cachée », une sorte d'« Empire occulte ».

CHAPITRE 3

UN SYNDROME HELVÉTIQUE : REPLIEMENT ET OUVERTURE

Une île humanitaire pendant la guerre de 1914-18 (à gauche), de l'« accueil des blessés » à leur « rapatriement ». Cette métaphore exprime la tension entre repli et rayonnement international du pays. Au plan économique, l'inventivité compense le handicap de devoir importer les matières premières (ci-contre, capsules de café d'une grande multinationale).

Une capacité d'adaptation

Au début du XXIᵉ siècle, la Suisse vient en
tête – devant le Japon et les États-Unis – des
classements qui mesurent la capacité
d'ouverture économique, le dynamisme
financier et le degré de compétitivité.
Cela s'explique autant par la présence des
entreprises suisses à l'étranger que par
l'importance des exportations et des
investissements directs, et
réciproquement par la facilité avec
laquelle les marchandises et les capitaux
affluent à l'intérieur du pays.

Curieusement, cette capacité relationnelle et
cette faculté d'adaptation à l'économie mondiale
coexistent avec une singulière fermeture politique.
Les relations politiques à l'intérieur comme à
l'extérieur paraissent souffrir de frilosité. De ce
paradoxe, les relations avec l'Europe fournissent
une bonne illustration : économiquement et
juridiquement, la Suisse doit s'aligner en pratique
sur l'Union européenne alors que, politiquement,
l'adhésion demeure improbable. Peut-être l'écrivain
Max Frisch (1911-1991) avait-il raison de penser
que, pour les Suisses, ce qui semble raisonnable est
d'abord ce qui est rentable.

Si l'on suit l'indicateur que représente le
PNB/hab., la Suisse figure régulièrement aux
premières places mondiales, avec des valeurs
moyennes qui donnent une estimation du pouvoir
d'achat souvent supérieur de 60 % à celui de la
France ou de l'Allemagne. Le coût de la vie y est
pourtant l'un des plus élevés d'Europe, ce que ne
compense pas totalement le niveau des salaires.

L'aisance relative des Suisses résulte de
mondialisations multiples et d'une incessante
mobilité. Non seulement les montagnes ont fourni
des milliers de soldats aux princes durant des siècles
mais très tôt aussi la mobilité économique a mis en
mouvement les populations les plus variées. Le
manque total de matières premières – en particulier
ce charbon et ce fer sur lesquels s'est fondée la

Bourgeois de Berne,
Nicolas de Diesbach
(~1375-~1436) s'est
associé à deux autres
marchands de Saint-
Gall pour fonder la
Compagnie Diesbach-
Watt. Avec un réseau
commercial allant de
l'Espagne à la Pologne,
elle est l'une des plus
importantes de son
temps. Elle a basé ses
activités sur le textile
(toile de lin de Saint-
Gall, draps de laine
anglais, fourrures de
Pologne, velours
italiens) mais diffuse
aussi des produits tels
le safran espagnol ou
les épices du Proche-
Orient. À l'instar des
banquiers italiens de
Genève, actifs dès les
années 1420-1450, la
Compagnie pose les
jalons des réseaux
internationaux de
l'économie suisse.

révolution industrielle – a très vite confronté les plus entreprenants à la nécessité vitale de développer des réseaux marchands à l'échelle du monde. La force économique rattrape en quelque sorte la faiblesse politique.

Une incessante mobilité

Du XVIᵉ au XIXᵉ siècle, la mobilité caractérise la vie des sociétés alpines, auxquelles appartient l'espace helvétique. L'itinérance est devenue un mode de fonctionnement économique, qui lie les montagnes et les villes. Dans toute l'Europe, on rencontre autant des marchands migrants temporaires que des artisans itinérants, des ouvriers du bois et du bâtiment, en provenance des vallées intérieures des Alpes – comme les Grisons – mais aussi de son versant sud, des bailliages de langue italienne. Une hiérarchie complexe structure ces groupes migrants, de l'errant précaire au négociant

À Genève, sur la place du Molard (ci-dessous, aquarelle par Christian Gottlob Geissler en 1794), se dresse l'immense bâtiment des halles (au fond à gauche), le plus important édifice de la ville au XVIIIᵉ siècle. Jean-Jacques Rousseau a brossé le tableau de l'activité fébrile qu'il y observait. « [Le] commerce en grand, des monceaux de ballots, de tonneaux confusément jetés, une odeur d'Inde et de droguerie vous font imaginer un port de mer », écrit-il dans sa *Lettre à d'Alembert* (15 octobre 1758).

installé. En aucun cas cependant, il ne s'agit de pratiques liées à des situations de crise ou de marginalité. Au contraire, le circuit migratoire est un moyen pour les sociétés alpines de se renouveler, et même d'acquérir une certaine aisance. Ceux qui s'en sortent le mieux peuvent à leur tour susciter les départs de leurs proches, voire organiser des réseaux de migrations.

Ces mouvements s'insèrent dans un circuit économique où la pluriactivité est de règle. En général, les hommes partent durant la belle saison. Les femmes restent à la montagne et assurent la marche de l'exploitation agricole. Pour se maintenir, le système suppose un mode très élaboré d'organisation familiale, qui permet de s'intégrer dans de vastes réseaux économiques à l'échelle européenne, toujours contrôlés par des proches, issus de la même famille ou du même village. De cette manière, les migrants conservent des liens étroits avec leur village d'origine, même si leur

Établi à Neuchâtel, Jacques-Louis Pourtalès (ci-dessus, en 1784 avec ses trois fils et son épouse) a fondé sa fortune sur le commerce du coton. Il possède aussi des plantations et ne craint pas les spéculations financières. Au gré des alliances matrimoniales, la famille essaimera dans toute l'Europe et aux États-Unis.

PROSPECT DER RHEINBRÜCKE ZU BASEL
VON SEITEN DER KLEINEN STADT
Em . Büchel del. 1761.

VUE DU PONT DU RHIN DE BASLE
DU CÔTE DE LA PETITE VILLE.
(C) Hürliberger exc. Cum Priv.

absence dépasse une saison. La solidarité géographique et familiale garantit la réussite du système.

Une économie extravertie

Très tôt aussi, le capitalisme helvétique se déploie à l'échelle mondiale. Les hommes d'affaires avisés que l'on peut croiser aux XVIIᵉ et XVIIIᵉ siècles à Genève, Zurich, Saint-Gall, Bâle et Neuchâtel appartiennent à ce que l'historien Herbert Lüthy a appelé « l'internationale huguenote » des banquiers, financiers et négociants des villes protestantes. Ils structurent à l'échelle internationale une forme de capitalisme commercial, où la gestion de la production industrielle et les grandes opérations financières sont étroitement contrôlées par le négoce. Drainer les capitaux, assurer le crédit hypothécaire, placer les emprunts publics étrangers relève de leurs compétences. Contrôler les circuits d'importation des denrées coloniales et des matières premières textiles (le coton surtout au XVIIIᵉ siècle), puis gérer partout dans le monde la vente des produits fabriqués dans les campagnes helvétiques ; spéculer sur les trafics les plus divers et viser à acquérir une position de monopole sur le marché, telles sont les sphères d'activité de ces commerçants au grand rayon d'action, à l'instar de Jacques Pourtalès (1722-1814), qui a su constituer un réseau commercial à l'échelle du monde : de Londres aux Indes, de l'Atlantique à la mer du Nord et des États-Unis à Constantinople.

Les banquiers genevois, bâlois ou zurichois ont investi dans les affaires commerciales tout comme la République de Berne, propriétaire d'actions d'une grande compagnie d'approvisionnement d'esclaves pour les colonies espagnoles. Ce ne sont là qu'indices d'un processus de mondialisation de l'économie, fondée sur des montages financiers

Né à Genève, Jacques Necker (1732-1804) s'est formé à la finance à Paris où sont établis des banquiers genevois. Louis XVI le nommera en 1777 directeur général des Finances. Sans arriver à rétablir l'équilibre financier du royaume, Necker connaîtra une grande popularité mais aussi la disgrâce (ci-dessus, son portrait par Duplessis). En 1790, il se retire sur ses terres dans son château de Coppet (pays de Vaud).

À gauche, vue de Bâle en 1761. La ville de l'humanisme, devenue centre de l'industrie de la soie, se spécialisera au XIXᵉ siècle dans la fabrication des colorants. En dérivera l'industrie chimique bâloise, fleuron de l'économie suisse.

complexes, des participations multiples à des sociétés commerciales d'import-export, qui font de la Suisse une plaque tournante de la redistribution des produits tropicaux à l'échelle de l'Europe, et des placements d'argent dans les emprunts d'État à l'étranger. Finalement, ces activités ouvrent aussi l'accès à de vastes marchés pour les produits manufacturés du textile et de l'horlogerie, secteurs en pleine expansion au XVIIIe siècle. À ce moment, la Suisse appartient déjà aux régions les plus industrialisées d'Europe, au deuxième rang derrière l'Angleterre.

Un pays sélectivement ouvert

Après la révocation de l'édit de Nantes par Louis XIV en 1685, les huguenots français, soumis à l'arbitraire du pouvoir royal et aux vexations de toutes sortes, ont dû prendre le chemin de l'exil. La Suisse a surtout servi de lieu de passage dans leur exode vers les États protestants d'Europe centrale. En effet, leur intégration s'avère quasiment impossible à cause du système fermé des bourgeoisies. Elle est très difficile économiquement aussi en raison de la peur de la concurrence, à moins que les réfugiés n'introduisent des spécialités nouvelles. C'est le cas par exemple avec les techniques d'impression des toiles peintes – les indiennes – ou du tricotage de la soie. Déjà au XVIe siècle, des réfugiés religieux d'origine italienne avaient apporté les techniques du travail du coton et de la soierie. Réfugiés eux aussi au moment des guerres de Religion, des huguenots français ont su allier leur

Les horlogers de Genève se consacrent au finissage, les pièces étant confectionnées dans les régions voisines. La « Fabrique » (terme qui désigne tous les artistes et ouvriers, soit une trentaine de métiers au XVIIIe siècle) produit pour le marché mondial des montres en or aux émaux raffinés serties de grenats (à gauche, une production du XVIIe siècle de l'horloger Jean-Henry Ester fils à Genève).

savoir-faire en matière de montres portatives avec celui de l'orfèvrerie locale. Voilà comment s'explique l'essor de l'horlogerie à Genève, activité qui essaime ensuite dans les régions voisines.

Plus tard, au XIXᵉ siècle, le pays servira de terre d'accueil, au gré des flux et reflux des révolutions. Lors de l'écrasement des révolutions libérales en Allemagne, en Pologne, en Italie, durant les années 1820-1840, ils sont des milliers à avoir trouvé momentanément asile dans les cantons. Quelques intellectuels allemands ont même servi d'idéologues aux mouvements libéraux ou ont enseigné dans les universités.

Avec l'industrialisation du XIXᵉ siècle, la mobilité généralisée devient inhérente aux modes de vie.

L'impression de motifs sur les toiles de coton importées des Indes s'est développée d'abord dans les villes des cantons suisses (Bâle, Zurich) et des pays alliés (Mulhouse, Genève, Neuchâtel). Ensuite, des négociants suisses ont implanté en France les « indienneries », tel Jean-Rodolphe Wetter, à Marseille puis à Orange (sans doute représenté ici en visite dans sa manufacture avec le directeur, Pierre Pignet).

D'un côté, des dizaines de milliers de ressortissants suisses, recrutés en forte proportion dans les régions de montagne, traversent l'Atlantique pour fonder des colonies de peuplement, en particulier aux États-Unis. De l'autre, les besoins spécifiques de main-d'œuvre attirent en Suisse tout autant d'ouvriers étrangers. La proportion de population étrangère par rapport à la population résidente s'accroît : 7,4 % en 1880, 16 % en 1914. Dans les villes, elle est encore plus élevée, atteignant, en

Symbole des premiers efforts internationaux dans le domaine de l'humanitaire, les idées de Henry Dunant trouvent leur concrétisation dès 1863 à travers l'institution connue sous le nom de Comité international de la Croix-Rouge (CICR). En 1864, une

1914, 42 % en ville de Genève et 34 % à Zurich ! Ce sont surtout des Italiens et des Allemands : ils forment à peu près à parts égales environ 80 % des étrangers. Ces taux sont particulièrement élevés par rapport à la moyenne européenne de 1910 qui est de 1,8 %. Ensuite, la population étrangère va baisser à 8,7 % de la population en 1930, contre 2,1 % en moyenne européenne.

Une tradition humanitaire ?

Restée en dehors du premier conflit mondial grâce à sa neutralité, la Suisse a pu renforcer son rôle de plate-forme internationale et assumer une mission humanitaire. Ces fonctions ont été déjà esquissées

première Convention internationale a pu être adoptée (ci-dessus, sa signature à Genève). Elle concerne la protection des militaires blessés. L'œuvre prend pour emblème l'inverse du drapeau suisse, la croix rouge sur fond blanc, ce qui entretiendra toujours une certaine confusion entre la Confédération et la Croix-Rouge.

durant le dernier quart du XIXᵉ siècle, depuis la fondation à Genève de la Croix-Rouge en 1864. C'est précisément durant la guerre que le CICR prouve son efficacité. Avec l'Agence internationale des prisonniers de guerre, il organise le rapatriement des blessés et celui des prisonniers. Dorénavant, le CICR

Entre l'automne 1938 et le début du conflit, un « J » discriminatoire a été inscrit dans les passeports des ressortissants allemands réputés juifs pour leur limiter la délivrance du visa d'entrée dans le pays. La Suisse a négocié cette proposition avec

sera indispensable lors de tous les conflits armés aux côtés de la Ligue des sociétés de Croix-Rouge (1919), également présente dans l'assistance aux victimes d'épidémie, de catastrophes naturelles et de famines. En 1920, l'installation de la Société des Nations à Genève ajoute à l'identité nationale sa composante transnationale de pays neutre au service de la paix.

La réputation humanitaire de la Suisse devient lourde de responsabilités durant la Seconde Guerre

l'administration allemande, ce qui constitue une capitulation morale. Néanmoins, pendant la guerre, quelque 60 000 réfugiés civils, dont la moitié étaient juifs, sont parvenus à trouver asile en Suisse (ci-dessus, soldats allemand et suisse à la frontière germano-suisse en 1940).

En concurrence avec Bruxelles, Genève a été choisie, fin avril 1919, comme siège de la Société des Nations (SDN). C'est dans cette ville que se tiendra la première assemblée générale en novembre 1920. La même année, le peuple suisse s'est prononcé par référendum pour une adhésion à la SDN (page de gauche). Le Palais des Nations, construit au début des années 1930, deviendra plus tard le siège européen de l'ONU (ci-contre). Genève abrite en outre de nombreuses autres organisations internationales (ci-dessous, le siège de l'Organisation mondiale du commerce).

mondiale. En Suisse aussi, « la barque est pleine », selon la formule dérivée d'une affirmation du conseiller fédéral en charge du dossier. On verrouille ainsi la frontière dès la fin 1942, avec l'assentiment du monde politique et de l'opinion dans sa grande majorité. Mais il faut aussi rappeler que, depuis novembre 1942, les troupes allemandes ont pris le contrôle de la zone frontière, jusqu'alors contrôlée par la France de Vichy. La Suisse neutre était donc entièrement encerclée.

Les consultations populaires vont de pair avec des campagnes très émotionnelles, aux affiches porteuses de messages parfois outranciers (ci-dessous) : en novembre 2010, une majorité de Suisses (52,9 %) s'est déclarée favorable à l'expulsion des étrangers reconnus

Un pays méfiant

Avant le début de la Première Guerre mondiale, de profondes divergences ont traversé l'opinion, dont une partie se conforte dans l'idée d'une « surpopulation étrangère » (*Überfremdung*), une expression nouvelle forgée à l'époque. Même si, non sans hypocrisie, le pays profite ensuite largement de la mondialisation, son opinion publique conserve souvent une vision très négative des autres. C'est ainsi que la question de la main-d'œuvre étrangère a suscité un débat passionné durant la seconde moitié des années 1960 et au début des années 1970. Dès la reprise d'après-guerre, l'économie a eu recours massivement à la main-d'œuvre étrangère bon marché. Les étrangers

coupables de crimes. Entre 1848 et 1997, 129 des 1 889 décisions du parlement pouvant être soumises à référendum sont passées par les urnes. Depuis 1848, les trois quarts des modifications de la Constitution soumises au référendum obligatoire ont été approuvées. Mais, depuis l'introduction du droit d'initiative populaire en 1891, seules 18 des 173 propositions soumises ont été acceptées.

forment 9,5 % de la population résidente en 1960 et 16,2 % en 1970 avec une forte proportion de ressortissants italiens (jusqu'à 60 % des étrangers). Diverses mesures de plafonnement et de contingentement ont été expérimentées sans pouvoir enrayer la montée de la xénophobie, largement exploitée par les nouveaux groupements d'extrême droite. La crise du milieu des années 1970 puis la stagnation économique ont fait bien sûr perdre sa pertinence à cette problématique. À vrai dire, les flux

Les Suisses descendent peu dans la rue pour manifester. Les revendications de jeunes ou certaines causes humanitaires en offrent parfois l'occasion (ci-dessous, manifestation pour la régularisation des sans-papiers à Berne en 2004). Les femmes ont

d'immigration ont brusquement ralenti, avant de reprendre ensuite durant les années 1980, de manière plus modérée, et de décliner ensuite.

Et pourtant, une chose est certaine, la réalité de ce phénomène majeur qu'est l'immigration s'impose dans l'histoire contemporaine. La Suisse se positionne parmi les plus importants pays d'immigration de la seconde moitié du XXe siècle. Après avoir été avant tout un flux de main-d'œuvre masculine et féminine profitable à la croissance économique jusqu'aux années 1970, le mouvement migratoire s'est transformé pour laisser une place majoritaire

dû pendant des décennies se contenter de ces formes d'expression spectaculaires. Car la Suisse a été le dernier pays d'Europe avant le Liechtenstein à octroyer, en 1971, les droits politiques à ses ressortissantes, plus d'un demi-siècle après l'Allemagne et d'un quart de siècle après la France et l'Italie !

à la population non active, surtout des jeunes. En 2008, la part des étrangers dans la population résidente permanente est de 22 %.

Une économie mondialisée

Durant tout le XIXe siècle, les grands secteurs industriels (textile, machines, chimie, agroalimentaire) ont construit leur essor sur l'opportunité des marchés extérieurs. Les mutations technologiques incessantes, les délocalisations, la concentration des entreprises, le réseau des multinationales, l'accueil des holdings, autant d'évolutions précoces greffées sur les fluctuations internationales. Dans la formation du produit national brut, la part de l'industrie

Les Suisses n'ont pas inventé le chocolat. Mais l'apparition vers 1880 du « chocolat fondant » est un perfectionnement décisif d'un procédé utilisé ailleurs pour travailler la pâte de cacao et obtenir une matière fondante et non pas grumeleuse. L'adjonction de lait vient ensuite pour imposer sur le marché un produit qui est la véritable spécialité de l'industrie alimentaire suisse durant la Belle Époque (ci-dessus, publicité pour ce nouveau type de chocolat).

En nombre d'emplois, les industries textiles et celles des machines dominent le XIXe siècle. Première branche industrielle dès les années 1930 (ci-contre, publicité destinée au marché égyptien), l'industrie des machines exportait encore près des trois quarts de sa production à la fin du XXe siècle (machines-outils, textiles, fabrication du papier, équipements électriques).

d'exportation atteint 25 % en 1850 et déjà 40 % en 1913. À la veille de la Première Guerre mondiale, le taux d'investissement direct à l'étranger, rapporté au nombre d'habitants, est au niveau le plus élevé du monde. Certaines industries comme l'horlogerie exportent jusqu'à 90 % de leur production. Mais les banques et les assurances aussi ont leur champ d'activité majoritairement à l'extérieur du pays. Aujourd'hui, on estime couramment que l'économie suisse gagne un franc sur deux en dehors des frontières nationales.

Le secret bancaire

Au début du XXe siècle, peu de pays offrent des conditions aussi favorables au capitalisme international que la Suisse. Depuis 1900, le pays neutre se positionne comme plaque tournante de la gestion des capitaux. Ensuite, la chance d'avoir été épargné par les guerres mondiales explique en bonne partie l'accession au rang de grande place financière internationale. La stabilité et la force de la monnaie font le reste. En effet, le franc suisse a été dévalué une seule fois, en 1936, et réévalué une autre fois, en 1971. Outre l'attrait du franc, la clé des succès de l'économie suisse réside dans les avantages d'un taux d'imposition fiscale modéré par rapport à la plupart de ses concurrents.

Durant la crise économique des années 1930, le gouvernement fédéral est intervenu pour instaurer des règles de gestion, afin de protéger les petits épargnants. En compensation d'une telle ingérence étatique dans les affaires financières, une loi a renforcé aussi les dispositions du secret bancaire, lui donnant un statut d'intérêt public pour calmer l'inquiétude des grandes banques. Autrement dit, contrairement à une légende complaisamment répétée par les banques, ce n'est pas pour protéger les immigrés juifs qu'il a été instauré. Certes, ceux qui cherchaient à placer leurs capitaux en Suisse

En parallèle au succès de la montre électronique en plastique, la célèbre Swatch lancée en 1980, l'horlogerie suisse, qui fournit près de 7 % de la production mondiale de montres, reste le leader du haut de gamme avec de nombreuses marques de prestige et de haute technologie (ci-dessus, enseignes de bijoutiers et horlogers de grand luxe, rue du Rhône à Genève). Elle vient au troisième rang des industries d'exportation, derrière les machines et la chimie. Les marchés européens et asiatiques absorbent les trois quarts de la production horlogère.

étaient traqués par les nazis, en quête d'indices permettant ensuite d'exercer un chantage sur les familles demeurées en Allemagne. Mais en réalité, depuis le début du XXᵉ siècle, insister sur la discrétion dans la gestion des comptes figurait en bonne place dans la stratégie des banques afin d'attirer les capitaux, durant une période où la pression fiscale sur les hauts revenus tendait à s'accroître dans les pays voisins. En 1943, pour pérenniser le principe du secret, la Confédération a introduit le système d'imposition à la source des revenus des capitaux, soit l'« impôt anticipé ».

Durant la Seconde Guerre mondiale, les services financiers rendus à l'Allemagne nazie constituent la pièce maîtresse de la dissuasion économique qui a protégé le pays d'une quelconque agression. Puisque le franc suisse, non soumis au contrôle des changes, est alors devenu un moyen de paiement international convoité partout dans le monde, l'Allemagne, comme les autres belligérants d'ailleurs, en a grandement besoin. Elle s'en procure en échange de fournitures d'or, dont une partie provient des réserves pillées dans les pays occupés !

Récemment, la crise financière a servi de tremplin à une offensive tous azimuts contre le secret bancaire suisse, soupçonné de couvrir des opérations

La Bourse suisse de Zurich est une place financière de premier plan, la sixième du monde, après Londres, New York, Hong Kong, Singapour et Tokyo. Elle est entièrement informatisée depuis 1996 (ci-dessus, un trader devant l'écran des transactions).

Relativement modeste en terme d'emplois, le secteur bancaire est l'un des fondements de la prospérité. Le nombre de banques a atteint un maximum au début des années 1990 avec plus de 600 établissements. Il a ensuite diminué de moitié à cause des fusions et de l'emprise croissante des grandes banques. Les deux principales, l'Union de banques suisses et le Crédit suisse, comptent pour plus de la moitié de la somme des bilans de toutes les banques.

colossales de fraude fiscale. En mars 2010, sous la pression internationale et pour sauver la place financière, les autorités ont dû se résigner à aménager le secret bancaire, en supprimant la distinction entre évasion fiscale et fraude, ainsi qu'à négocier de nouveaux accords d'entraide, notamment avec les États-Unis. Un ministre allemand des finances a salué ironiquement la décision des pouvoirs publics en les comparant à « des Indiens qui fuient avant l'arrivée de la cavalerie » !

Européenne malgré tout ?

Bien que prospérant au rythme de la mondialisation depuis des siècles, la Suisse est toujours restée frileusement en retrait des efforts d'intégration politique de l'Europe et des organisations internationales nées de la Seconde Guerre mondiale. Naïvement, les autorités estimaient pouvoir bénéficier d'un statut particulier, compte tenu de la neutralité du

Si la question du secret bancaire défraie régulièrement la chronique, c'est que la Suisse a une longue tradition de séduction fiscale pour attirer les grandes fortunes étrangères. La presse internationale et suisse s'est fait l'écho des tergiversations de 2009-2010 autour du secret bancaire. « Ce que la gauche n'avait jamais réussi à obtenir, les banques l'ont accompli elles-mêmes », titre ainsi la version dominicale de la très libérale *NZZ* (*Neue Zürcher Zeitung*), fleuron de la presse helvétique. Les Suisses respectent les riches et les admirent. L'étalage du luxe dans les quartiers chics de Zurich ou Genève ne choque personne. Mais la pyramide sociale est très inégalitaire : 0,21% des contribuables possèdent chacun plus de 10 millions de francs, soit un quart de la richesse du pays. 1% d'entre eux détiennent 40% des richesses.

LE FIGARO
Pour la première fois
La Suisse lève le secret bancaire

Zuger Kantonalbank

NZZ am Sonntag • 7. Februar 2010 | Meinungen

NZZ amSonntag

Bankgeheimnis
Was der Linken nie gelang, leisten die Banken nun selbst

pays. Il a fallu donc de nombreuses années pour se convaincre des effets dommageables de l'isolement politique. C'est ainsi que l'adhésion à l'ONU a été refusée en votation populaire en 1986. Ce n'est qu'en 2002 que la Suisse en devient le 190e État membre ! Dès le début des années 1950, l'Europe se construit aussi sans la Suisse. Mais, compte tenu de l'imbrication des espaces économiques, il s'est avéré nécessaire de susciter des accommodements en négociant des accords de libre-échange dès les années 1960. Cette stratégie, dont l'objectif est de préserver le secteur financier et les industries d'exportation, atteint ses limites lorsque la marche vers l'intégration s'accélère. C'est le cas dès 1986 avec l'Acte unique européen, puis avec le traité de Maastricht en 1992, qui crée l'Union européenne. L'échec en 1992 d'un traité d'adhésion à l'Espace économique européen, refusé par référendum, ajourne le rapprochement alors envisagé. Depuis, il a fallu trouver un moyen de concilier l'évidence – à savoir que le pays est européen à part entière – et la réalité politique – soit le refus d'adhésion par une majorité de la population. L'impression domine pourtant que, sous prétexte de préserver l'autonomie de la Suisse, on s'achemine de fait vers une perte d'indépendance beaucoup plus importante, dans la mesure où le pays subit, qu'il le veuille ou non, des décisions à l'élaboration desquelles il ne peut prendre part. Comment donc préserver cette indépendance alors que tout concourt à renforcer l'interdépendance des États membres ? Inévitablement, il s'agit de s'adapter de manière sélective et progressive au système européen afin de devenir « eurocompatible ». De difficiles négociations bilatérales et sectorielles avec l'Europe ont débouché sur des accords en 2000 et 2005. Ils concernent l'ouverture réciproque des marchés et l'association à l'« espace Schengen » à l'intérieur duquel les contrôles des personnes aux frontières nationales sont supprimés.

Indéniablement, la Suisse a su exploiter au maximum le capital symbolique que représentent la stabilité politique, la tradition humanitaire et la réputation de neutralité. Elle est devenue une

La Suisse peine à enfiler des habits européens ! La votation de 1992 fait apparaître un pays coupé en deux. La partie germanophone a dit nettement non à l'Europe, à l'inverse des francophones partisans de l'adhésion. Avec 64 % de germanophones (les Alémaniques), 20 % de francophones (les Romands), 6 % d'italophones (les Tessinois), ce pays multilingue ne connaît pourtant pas de tensions linguistiques. Cela s'explique parce que les différentes appartenances culturelles, religieuses et économiques ne coïncident pas dans l'espace, sans quoi un tel recoupement aurait des retombées comme en Belgique.

puissance économique mondiale en toute discrétion. Cette aisance feutrée ne s'affiche guère, profitant de l'opacité qui entoure les imbrications des sociétés suisses dans le système mondialisé. Cela est particulièrement évident depuis 1945 et jusqu'à nos jours, quand la rhétorique de la petitesse est sans cesse réactivée, pour faire oublier certaines compromissions avec l'économie de guerre nazie, puis les fréquentations douteuses avec quelques régimes corrompus ou la complaisance à accueillir les capitaux soustraits au fisc. L'image peu reluisante de « pays crapule », utilisée parfois par les médias étrangers, contraste avec les stéréotypes idylliques largement diffusés par les cartes postales et la littérature de voyage.

Depuis la construction du port de Bâle (1904-1925), la navigation suisse sur le Rhin a acquis une importance croissante. Au milieu du XXe siècle, 40 % du tonnage du commerce extérieur passe par le fleuve, une proportion qui était encore de 12 % en 2005. Bâle sert aussi de port d'attache pour les navires de haute mer enregistrés sous pavillon suisse.

La Suisse a été transformée en paysage pour répondre aux attentes de voyageurs en quête de nature préservée. Tandis que les Alpes s'imposent comme un spectacle, beaucoup d'intellectuels ont éprouvé un certain malaise face à cette identification de leur pays à un simple décor de carte postale. La Suisse est d'abord un milieu de vie pour une population très urbanisée.

CHAPITRE 4

PLUS QU'UN BEAU PAYSAGE

Déclinaisons du paysage suisse : sublime dans les immensités du Gothard de Caspar Wolf (1735-1783 ; à gauche, *Le Pont du Diable*) ; suprême exigence dans l'architecture contemporaine avec la fondation Ernst Beyeler par Renzo Piano (ci-contre, près de Bâle depuis 1997) et sa prestigieuse collection d'art moderne.

Une nature idyllique

« Le nom même de la Suisse évoque dans l'esprit l'idée de paysages incomparables. » Ainsi s'exprimait le géographe français Élisée Reclus, auteur d'une monumentale *Géographie universelle*, dont le tome III comprenant la Suisse est paru en 1878. Plus récemment, le théoricien genevois mondialement connu de la littérature, Jean Starobinski, allait jusqu'à déclarer dans un discours de 1991 que les Suisses sont « les dépositaires d'une part très précieuse de la beauté du monde ».

Tout réside dans cette imbrication étroite entre une identité nationale et un paysage naturel. En Suisse, l'esthétisation du pays en paysage a été associée étroitement à la construction de la nation, manière pour les habitants de se représenter comme un tout, avant de faire de cette image une réalité intimement vécue. Il suffit d'évoquer la première strophe de l'actuel hymne national : « Sur nos monts, quand le soleil / Annonce un brillant réveil […], / Les beautés de la patrie / Parlent à l'âme attendrie ; / Au ciel montent plus joyeux […] / Les accents émus d'un cœur pieux. » Des formulations éculées peut-être, mais qui, au-delà de leur banalité, condensent le long processus d'élaboration d'une culture.

Les racines de cette association entre beauté, nature, paysage et montagne sont anciennes. On sait comment le XVIIIe siècle européen a redécouvert la montagne, espace encore sauvage, à l'opposé de la nature trop bien cultivée des plaines. Le poème *Les Alpes* (1729) du Bernois Albert de Haller (1708-1777) a servi de texte initiatique à l'idylle alpestre.

Durant la seconde moitié du XVIIIe siècle, on apprécie les écrits qui mettent en parallèle la vie simple et rude des habitants des montagnes et la perversion supposée des mœurs dans les villes et les cours. Très connu lui aussi, le poète Salomon

« Que ne puis-je […] couler mes jours paisibles sous un toit rustique, auprès d'un jardin champêtre, […] à l'abri de l'envie ! » : ainsi médite Gessner dans les « poèmes champêtres » de ses *Pastorales et poèmes* (1766) édités pour les lecteurs français.

En 1805 a été organisée à Unspunnen, près d'Interlaken, une première grande fête champêtre forte de 3 000 participants (à droite, eau-forte aquarellée d'après Franz-Niklaus König), où les bergers des montagnes ont rivalisé : cor des Alpes, lancer d'une pierre de 83 kg, lutte à la culotte, tir à l'arbalète, autant d'activités que, dans l'imaginaire des élites urbaines, pratiquent les habitants des hautes vallées. Beau projet si l'on trouve les protagonistes nécessaires, dénichés avec difficulté par les organisateurs ! Des fêtes similaires seront organisées jusqu'à nos jours, la dernière édition datant de 2006.

Gessner (1730-1788), avec ses *Idylles* publiées en 1762, contribue à l'engouement européen pour le genre bucolique et bientôt pour le voyage, car la mode impose d'aller observer *in situ* le peuple de bergers. Mise en scène, la montagne devient un spectacle qui célèbre l'esprit suisse et la prospérité paysanne. C'est ce qu'on appellera au milieu du XIXᵉ siècle le « folklore », quand la production de traditions deviendra un peu partout une véritable industrie.

Le besoin de mettre en spectacle la vie rurale est aussi le signe d'un déclin. La prospérité des montagnes où se fabriquaient les grandes meules de fromage à pâte dure de 20 à 30 kg, produit d'exportation phare sous l'Ancien Régime, se termine au XVIIIᵉ siècle. Les

La Suisse s'est trouvée au cœur de ce nouveau regard. Voilà pourquoi les Alpes s'habillent des valeurs esthétiques liées à ce qu'on dénomme alors le « sublime », mélange d'attirance pour la somptuosité des cimes et d'anxiété face aux dangers des reliefs tourmentés. Par ailleurs ce paysage correspond aux motifs du « pittoresque », au sens étymologique du mot qui signifie « digne d'être peint ». Désormais attrayantes, les montagnes figurent parmi les destinations obligées du voyage. De toute l'Europe,

laiteries de plaine prennent le relais, produisant aujourd'hui surtout de l'emmental (jusqu'à 130 kg par meule), loin devant le gruyère et le sbrinz.

on vient y rencontrer le bonheur d'une vie proche de la nature. Aussi les images valorisantes du milieu alpestre transforment-elles la Suisse en une sorte d'Arcadie retrouvée.

La faveur du public pour les sites alpestres donne l'impulsion à de véritables écoles du paysage. D'inspiration préromantique avec Caspar Wolf ou idéalisée avec Johann Ludwig Aberli au XVIIIe siècle. De veine romantique, la fascination pour le spectacle des forces de la nature distingue l'école de Genève représentée entre autres par Pierre-Louis De la Rive, François Diday ou Alexandre Calame, durant la première moitié du XIXe siècle.

Les beautés de la patrie

Ces représentations iconographiques connaîtront un prodigieux destin au XIXe siècle, quand peu à peu les Suisses eux-mêmes les intégreront et en feront l'un des fondements de leur conscience nationale. La création artistique abonde naturellement en références alpines. Rien d'étonnant à ce que l'œuvre

Comme dans la plupart des pays d'Europe, c'est au XIXe siècle que se généralise en Suisse l'enseignement public obligatoire, laïque et gratuit. Si l'État fédéral veille au respect des principes, l'organisation de l'école est du ressort des cantons, d'où une certaine hétérogénéité. Conçue comme une formation préparatoire au service militaire, l'enseignement de la gymnastique à l'école primaire est obligatoire pour les garçons à partir de 1874. En témoigne ce *Cours de gymnastique* (1879) : Anker a sans doute pris l'école de son village (Anet dans le Seeland bernois) pour modèle.

de Ferdinand Hodler (1853-1918), lequel se profile comme une sorte de peintre officiel malgré une audace figurative souvent mal comprise de ses contemporains, s'organise beaucoup autour des thèmes des Alpes et de l'histoire suisse.

En contrepoint, un peintre comme le Bernois Albert Anker (1831-1910) détient une place à part dans l'histoire de l'art en Suisse. Il a raconté la vie à la campagne, sans complaisance puisqu'il ne cache pas forcément la dureté, la précarité, l'implacable hiérarchie d'une société de notables. Ses scènes de genre empreintes d'une harmonie nostalgique sont saisissantes de réalisme. Anker, qui fut aussi l'illustrateur des romans paysans de Jeremias Gotthelf (1797-1854), pressentait la disparition

La Récolte du foin (1890) de Giovanni Segantini, peintre apatride installé dans les Grisons, atteste la dure réalité du travail des champs. Pourtant les classes populaires des villes souffrent davantage encore de la précarité, du fait de la faible protection sociale. Un système de rente minimum aux personnes âgées ne sera mis en place qu'en 1947, l'assurance-maladie obligatoire en 1995.

progressive des valeurs idylliques, associées à la société rurale et aux formes de la démocratie locale. À vrai dire, dans ce pays, les rapports sociaux n'ont jamais rien eu de bucolique !

On comprend dès lors mieux l'attrait magique du « Village suisse » lors de la deuxième Exposition nationale de Genève en 1896. L'authenticité reconstituée des scènes rurales, une montagne de carton-pâte, des vaches et une cascade, voilà qui fascine plus de 2 millions de visiteurs. Une surprise pour les organisateurs, car leur message consistait plutôt à glorifier la technologie industrielle et les extraordinaires applications de l'électricité.

L'association entre valeurs rurales et identité nationale est donc complète au début du XXᵉ siècle. La Ligue pour la conservation de la Suisse pittoresque (*Heimatschutz*) est fondée en 1905 pour œuvrer à la protection des sites. L'un de ses initiateurs peut alors s'exclamer : « Heureux le pays où ces deux mots (beauté et patrie) sont synonymes ! », tout en commentant : « On peut discuter notre caractère national, ou même nos

Attraction de 1896, le « Village suisse », bricolage de l'identité terrienne à l'Exposition nationale de Genève.

Les grands écrivains francophones n'ont rien de provincial. Ce n'est pas la sagesse aimable et bucolique qui fait la force poétique du Vaudois Charles-Ferdinand Ramuz (page de droite). Après avoir passé une dizaine d'années à Paris, il s'installe en Suisse en 1914 pour faire paraître ses grands textes : pour l'essentiel des romans – parmi lesquels *La Grande Peur dans la montagne* (1926), *Derborence* (1934) – et des essais tel *Besoin de grandeur* (1937).

institutions politiques : un fait au-dessus de toute discussion, c'est l'incomparable beauté naturelle de notre patrie. »

Plus tard, durant les années troublées des guerres mondiales et de l'entre-deux-guerres, l'idéologie de l'ancrage terrien connaîtra une sorte d'apogée en passant même dans la loi. Le texte emblématique date de 1938 : ce « message » (proposition de loi) du gouvernement fédéral vise la promotion d'une culture où sont définies les valeurs nationales. Elles sont évoquées en termes d'enracinement au sol : l'« entité historique, spirituelle et politique » que constitue la Suisse, dit le texte, « a ses racines dans notre sol ».

L'un des grands auteurs francophones, et aussi le plus helvétique des écrivains, Charles-Ferdinand Ramuz (1878-1947), l'a dit et redit, notamment dans un recueil intitulé *Besoin de grandeur* : « J'aime cette terre parce que j'en sors, ce climat et ce ciel parce que j'en ai toujours été entouré », ou encore : « On est ce qu'on est, on est ce que le pays nous a faits. » En 1928, le Suisse alémanique Meinrad Inglin (1893-1971) n'exprime rien d'autre dans son *Éloge de la patrie* : « Nous devons nous rappeler aussi que nous voyons la patrie fondée dans le secret de l'union entre la Nature et le Peuple, que nous considérons le paysage comme incarnant un destin et que nous désignons comme véritable natif celui qui est né de ce paysage. »

Maurice Chappaz (1916-2009), connu surtout pour ses écrits engagés, dénonce les promoteurs, vitupère contre les « maisons closes du tourisme » des grandes stations. En 1990, il traverse l'Atlantique sur un cargo et en ramène un court récit, *L'Océan* : « J'ai quitté le Valais, ses mille vagues glaciaires ou bleues bloquées dans le ciel. L'océan est le post-scriptum du Valais. » Toujours ce jeu tellement suisse de glissement incessant entre le local et le monde ! En 2007, dans *La Haute Route*, il décrit sa traversée des glaciers du Mont-Blanc au Mont Rose.

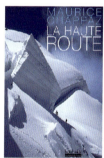

Du palace au ski

Dès le XIXᵉ siècle, l'afflux des
touristes étrangers a permis le
développement d'activités de loisir,
notamment en Suisse centrale,
dans l'Oberland bernois, les Grisons
et les bords du lac Léman. Vitrine
du luxe de la Belle Époque, cette
période faste de l'avant-guerre,
les grands hôtels élisent les
belvédères qui dominent les lacs
subalpins ou s'abritent dans
quelques stations bien situées
des Alpes. Y afflue une clientèle
cosmopolite, surtout durant la
saison estivale. Lucerne devient
rapidement une métropole du
tourisme mondial dans les
années 1870. D'autres localités
croissent pour former de vraies
villes : Montreux, Interlaken et
Lugano en bordure de lac et, dans
les Alpes mêmes, Arosa, Saint-
Moritz ou Davos.

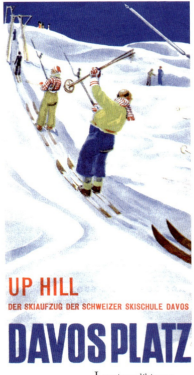

UP HILL
DER SKIAUFZUG DER SCHWEIZER SKISCHULE DAVOS

DAVOS PLATZ

   Le tourisme hivernal se
développera surtout après 1950
dans un contexte très différent où les vacances
de neige commencent à se populariser. Les stations
de montagne se métamorphosent durant les
années 1960-1970 avec des formes d'hébergement
en chalets et immeubles qui dénaturent l'aspect
traditionnel de l'habitat rural. Les sports d'hiver
prennent alors un essor considérable. À ski ou
en hockey sur glace, les champions sportifs suisses
peuvent se hisser régulièrement parmi les meilleurs
dans les grandes compétitions internationales.
En 1928 et 1948, Saint-Moritz a organisé les Jeux
olympiques d'hiver.

   Cet engouement justifie des équipements
multiples, routes et transports par câbles. Le
premier téléphérique fonctionne à Grindelwald
en 1908 et le premier remonte-pente à Davos en

La saison d'hiver a
commencé dans les
années 1860 avec les
premières ascensions
hivernales. Mais ce
sont les nouvelles
pratiques sportives – le
ski dit alpin, les sports
de glace ainsi que le
hockey – qui donnent
vers 1900 leur
impulsion aux stations
comme Davos (ci-
dessus, une affiche
publicitaire des années
1950), Saint-Moritz,
Grindelwald ou Arosa.

1934. Depuis 1950, télésièges, télécabines et autres téléskis prolifèrent et strient les versants comme d'immenses cicatrices indélébiles.

Percer les Alpes

L'exploitation du paysage par le tourisme a provoqué la résistance de ceux qui, au début du XXe siècle, prétendaient maintenir intacte la nature alpine. Il est vrai aussi que l'accès aux régions élevées a exigé beaucoup d'audaces technologiques. Paradoxalement, c'est l'électricité, énergie propre et renouvelable, qui focalise l'attention d'opposants que l'on peut qualifier de pré-écologistes. Dans un premier temps, ceux-ci s'insurgent contre ce qu'ils appellent l'« enferrement » des Alpes. Ils visent les soixante lignes de chemin de fer de montagne

À Gstaad (canton de Berne), comme dans la plupart des nouvelles stations d'hiver, les hôtels sont destinés à une clientèle plutôt aisée (au fond, le Palace construit en 1913, surplombant une zone ancienne parsemée de vieux chalets cossus). Partout dans les Alpes, c'est la mode du faux vieux qui a prévalu, avec parfois même des noyaux villageois reconstitués en style chalet comme à Verbier dans le Valais.

construites entre 1870 et 1910, souvent avec des rampes vertigineuses bénéficiant de la technique expérimentée dès 1870 de la roue dentée à crémaillère, et précocement électrifiées. Ainsi, à la Jungfrau, à 3 454 mètres, on aménage la plus haute gare d'Europe, inaugurée en 1912. Pour les mécontents, il s'agit d'abord de raisons purement esthétiques plutôt que de résistance à l'innovation technologique. Les associations de protection du paysage mènent la lutte contre le « vandalisme » qui dénature le paysage suisse. Leur action empêche la réalisation

À voir les énormes travaux consentis pour aménager les pentes menant à la galerie du Lötschberg en 1911 (ci-dessous), on pourrait oublier que la construction des chemins de fer a été longtemps différée pour des raisons techniques. Les locomotives de la première génération pouvaient difficilement franchir les rampes d'un relief accidenté sans la réalisation de tunnels et de ponts hors de portée de l'ingénierie du temps.

En 1847 est inaugurée une première ligne de 25 km entre Zurich et Baden. Ensuite, durant une vingtaine d'années, les compagnies privées construisent les voies importantes qui constituent l'épine dorsale du réseau. En 1865, le pays dispose de 1 263 km de voies exploitées par 11 compagnies qui ont investi un capital total de 442 millions de francs : un gouffre financier – deux compagnies seulement paraissent rentables. Le choix crucial de la traversée des Alpes a été long : c'est le tracé du Gothard qui va l'emporter à la fin des années 1860. Sous la direction de l'ingénieur genevois Louis Favre (1826-1879), un tunnel de 15 km sera percé à partir de 1872 au prix d'innombrables difficultés techniques. Cette première transversale alpine sera mise en service en 1882. D'autres tunnels suivront : le Simplon, aménagé entre 1898 et 1906, à l'époque le plus long du monde (19,8 km), puis sa voie d'accès vers Berne et l'Alsace par le Lötschberg (1906-1913). Ailleurs dans les Alpes, la moindre ligne suppose l'enchaînement de tunnels hélicoïdaux, pour gagner de l'altitude, et de viaducs, pour passer d'un flanc à l'autre des vallées (ci-dessus, la ligne de l'Albula en 1903).

d'un funiculaire au Cervin en 1907 : Zermatt se contentera du chemin de fer du Gornergrat. Parallèlement, de nombreuses mobilisations populaires contestent les installations électriques. Les projets de lignes à haute tension en provoquent dès les années 1920. L'opposition à l'éventualité d'une exploitation des chutes du Rhin, à l'aménagement des gorges des Schöllenen ou à celui des lacs d'Engadine va défrayer la chronique pendant des décennies.

Par la suite, les nécessités de la modernité ont rendu inéluctable l'aménagement d'une infrastructure performante de voies de communication. Les chemins de fer électrifiés tissent désormais un réseau particulièrement dense. Il n'empêche que les traversées alpines ont été réalisées au prix d'énormes difficultés. Au début du XXIe siècle, c'est la construction des nouvelles transversales, connectées aux réseaux européens à grande vitesse qui constitue le principal défi technique et financier. Quant aux routes, la Suisse a réalisé assez tardivement, à partir des années 1960, un réseau autoroutier adapté, avec des tunnels permettant le passage des Alpes. Long de 16,3 kilomètres, celui du Gothard est ouvert en 1980, une centaine d'années après le tunnel ferroviaire.

Précocement, l'environnement !

Ce lien émotionnel qui unit les Suisses à leur territoire, à leurs montagnes et à leurs paysages a-t-il cependant quelque rapport avec l'environnement dont notre époque a fait l'un de ses thèmes les plus mobilisateurs ? Les Suisses sont-ils un peuple écologiste ?

Depuis 1947, la vente d'un écu d'or en chocolat couvre une partie du financement des actions que mènent les grandes associations de protection du patrimoine et de la nature (ci-dessous, l'écu du centenaire de l'association Pro natura en 2009).

Très vite attentifs au paysage, portés par le grand mouvement européen qui éduque les élites à la Nature, les ressortissants de ce pays ont sans doute été, plus que d'autres, à la fois admiratifs et déterminés à préserver les éléments matériels et symboliques de leur milieu. Sans négliger néanmoins d'autres contraintes, comme celles de la forte densité, de l'étroitesse du pays et de l'ingratitude du sol : toute parcelle de terre compte. Les mesures très anciennes qui, dès le Moyen Âge, s'efforcent de gérer l'accès aux ressources (eau, bois, pâturages, faune sauvage) témoignent d'un savoir empirique sur les limites des équilibres naturels. À quoi s'ajoutent les effets complexes de l'éthique protestante, à laquelle appartiennent les cantons dominants politiquement et intellectuellement. Ici, sauvegarder l'œuvre du Créateur semble relever de la responsabilité de chacun.

Sur le plan international, la Suisse a pris des initiatives originales. C'est à Berne que s'est réunie en 1913 la première Conférence internationale pour la protection de la nature. Elle a permis de jeter les bases d'une action à l'échelle du globe, afin de freiner les hécatombes de cétacés, de phoques, d'animaux à fourrure et des grands mammifères d'Afrique. En 1947, une autre réunion a mis en marche le processus conduisant à la création de l'Union internationale pour la conservation de la nature et de ses ressources.

Plus récemment, la sensibilité à la nature s'est manifestée sous sa variante écologiste. Les années 1970 marquent un tournant que l'on observe aussi dans les pays germaniques et scandinaves. L'expérience concrète des difficultés d'approvisionnement énergétique au milieu des années 1970, de même que la remise en cause générale des valeurs traditionnelles, l'effondrement du mythe de la croissance et l'impact médiatique des grandes catastrophes ont joué un rôle certain. Ainsi, non seulement les intellectuels ou des groupes marginaux, mais également l'homme de la rue ont été impliqués dans le débat sur les questions environnementales. Tant la protection des Alpes contre le trafic routier que le bruit des avions, la pollution de l'air et l'opportunité de construire des centrales nucléaires ont suscité de nombreuses votations populaires.

Le vignoble en terrasses du Lavaux (au bord du lac Léman) est l'un des dix sites classés au patrimoine mondial de l'UNESCO. C'est toutefois dans le canton du Valais (au fond), sur les versants exposés de la vallée du Rhône que se trouve le plus important vignoble de Suisse (5 113 ha). En proviennent quelques-uns des meilleurs vins du pays, dont les cépages emblématiques sont le cornalin, la petite arvine, l'humagne et le païen.

Une Suisse très urbaine

Déjà en 1763, Jean-Jacques Rousseau faisait remarquer que la Suisse entière n'était en quelque sorte qu'« une grande ville » dont les quartiers s'éparpilleraient tantôt dans des vallées, tantôt sur des coteaux et des montagnes. L'écrivain d'origine genevoise avait perçu la spécificité du peuplement : pas de métropoles mais une multiplication de petits centres qui donne l'apparence d'une campagne urbanisée.

La primauté d'une culture politique ruralisante, la méfiance continuelle contre les élites urbaines depuis la Révolution helvétique de 1798, le cloisonnement des cantons, autant de facteurs qui expliquent la relative petitesse des très nombreuses villes. Ce n'est qu'autour de 1900 que les plus « grandes » d'entre elles, Zurich, Bâle et Genève, ont dépassé le seuil symbolique de 100 000 habitants.

Cette modestie de l'archipel urbain n'exclut pas l'uniformisation progressive des modes de vie citadin. Statistiquement, sur les 7,7 millions d'habitants de 2008, 73,6 % résident dans une commune urbaine. Par comparaison, ils n'étaient encore que 36 % en 1930. Les différences entre les régions, les villes et les campagnes tendent à s'effacer, au profit de nappes urbaines peu structurées qui entourent des noyaux métropolitains. Ce que craignait l'écrivain Max Frisch déjà en 1955, à savoir un désordre spatial sans âme, des villages semi-urbains et des villes à moitié villages, s'est en quelque sorte réalisé. La cité bien individualisée au sens classique n'existe plus. Elle a été remplacée par un territoire entièrement urbanisé dont le vocabulaire est incapable de dire la nouvelle réalité. L'historien André Corboz a forgé le néologisme d'« hyperville » pour rendre compte de cette dispersion des formes urbaines, qui ne laissent plus voir d'ordre spatial apparent ni de hiérarchie. Tout est centre, tout est périphérie. Il en résulte que l'opposition ville-campagne, catégorie fondamentale de la culture politique, qui a structuré des siècles de tensions, perd singulièrement de sa pertinence face à la réalité de la ville-territoire.

Ville modeste de moins de 30 000 habitants, Lugano (canton du Tessin), au bord du lac du même nom, est le centre à peine repérable d'une agglomération de plus de 130 000 habitants, regroupant plus de 50 autres communes. Elle pousse ses ramifications dans les diverses vallées qui conduisent au lac ; l'urbanisation colonise les meilleures terres et les coteaux ensoleillés.

Le malaise helvétique

L'un des traits de la culture politique nationale depuis des décennies consiste à évoquer l'existence d'un malaise helvétique. Dans ce pays sans problèmes majeurs – si on le compare à d'autres situations nationales tragiques –, il y aurait une sorte de rituel qui invite à vérifier régulièrement que l'on est bien conforme à une image attendue, aux yeux de ses compatriotes comme à ceux de l'étranger. Un peu comme s'ils avaient un besoin constant de se rassurer, les Suisses courent après les moyens de rester eux-mêmes, tout en se transformant.

Depuis l'entrée en vigueur d'une loi fédérale sur l'aménagement du territoire en 1980, les municipalités ont été contraintes de prendre des dispositions pour veiller à une utilisation plus rationnelle de leur territoire.

Le centre Paul-Klee à Berne, conçu par l'architecte italien Renzo Piano et ouvert en 2005, abrite l'œuvre de cet artiste d'origine allemande, né à Berne en 1879, qui travailla en Allemagne avant d'être chassé par les nazis et de revenir en Suisse en 1933. De nombreux créateurs suisses ont ainsi acquis leur renommée hors de leur pays. C'est le cas de l'architecte Charles-Édouard Jeanneret (1887-1965), dit Le Corbusier; des peintres comme Arnold Böcklin (1827-1901), Félix Vallotton (1865-1925; ci-dessus, affiche de sa rétrospective à la Fondation Gianadda, Martigny) ou Sophie Taeuber-Arp (1889-1943); ou encore les sculpteurs Alberto Giacometti (1901-1966) et Jean Tinguely (1925-1991). Parmi les musiciens, Arthur Honegger (1892-1955) et Frank Martin (1890-1974) eurent une carrière surtout internationale.

Organisé depuis 1987, le Salon du livre de Genève se veut le plus grand rassemblement culturel du pays. Il contribue à faire connaître les éditeurs et découvrir les littératures des différentes régions (en 2008, Saint-Gall). De nombreux écrivains ont été poussés à s'exiler du fait de la taille modeste du pays et de l'étroitesse d'esprit supposée de la mentalité helvétique : Blaise Cendrars (1887-1961) n'a cessé de bourlinguer à travers le monde, Philippe Jaccottet (né en 1925) s'est fixé à Grignan. Paul Nizon (né en 1929), pourtant de langue allemande, s'est installé à Paris. Mais les plus célèbres et les plus traduits d'entre eux, Friedrich Dürrenmatt (1921-1990) et Max Frisch (1911-1991), ont passé l'essentiel de leur vie en Suisse, tout comme Carl Spitteler (1845-1924), seul Suisse prix Nobel de littérature. Ayant souffert du caractère un peu étriqué de la vie culturelle suisse, il proposait en 1896 de « faire sauter le Gothard et toutes les Alpes à la dynamite afin de les repousser au nord » pour qu'« arrive directement l'air de l'Italie » ! En 1973, Jacques Chessex (1934-2009) a été le premier auteur non français à recevoir le prix Goncourt avec *L'Ogre*.

Les caricaturistes ne se sont pas privés de dénoncer avec une ironie féroce les images traditionnellement accolées à l'identité helvétique. Le cinéma de fiction est aussi un moyen privilégié d'attirer l'attention sur un pays confit de juridisme étroit et prisonnier de son conformisme. On pense à la scène des *Petites Fugues* d'Yves Yersin (1979) où le héros, valet de ferme retraité, s'offre un vol d'hélicoptère autour du Cervin dont l'image était depuis toujours accrochée dans sa chambre. Il découvre, désabusé, qu'il n'y a que des rochers : « Y a que des cailloux ! » La fin des années 1960 et le début de la décennie suivante voient la grande période créative de la « nouvelle vague cinématographique » dont le Suisse d'adoption Jean-Luc Godard (né en 1930) est le pionnier. Les films de Claude Goretta, d'Alain Tanner, d'Yves Yersin déclinent précisément les thèmes identitaires de l'errance et de la révolte.

La Suisse comme île ?

La métaphore insulaire, à laquelle recourt déjà Paul Valéry en 1943 pour désigner la situation d'un pays à l'abri des affres de la guerre, a été maintes fois reprise par les commentateurs depuis les années 1950, qui l'ont mise en valeur en l'associant à la sécurité et la prospérité suisses. À l'inverse de l'image du hérisson qui, tout en faisant les délices des caricaturistes, exprime plutôt la mise à distance critique, voire le désaveu. Ainsi l'écrivain Peter Bichsel (né en 1935), particulièrement caustique, constate sans complaisance que « la position du hérisson, roulé sur lui-même et les piquants dirigés vers l'extérieur, est devenue le symbole de notre

Chaque année, la fête nationale du 1er août (ici, en 2005) est l'objet d'une cérémonie sur le site du Grütli. Au début des années 1860, devenu le lieu sacré où sont supposés s'être déroulés les épisodes fondateurs de la nation, cet espace agricole dégradé avait été remodelé par les paysagistes et architectes de l'École polytechnique fédérale de Zurich, et sublimé en lieu de mémoire. Plantations, construction de chemins, d'une grotte, de maisons en style vernaculaire façonnent ce jardin-paysage de la nation suisse.

indépendance ». Ces mises en image sont toujours des manières d'exprimer le topos bien ancré de l'exception helvétique, le fameux *Sonderfall*.

Depuis les années 1990, les remises en cause du modèle suisse ne cessent de s'accélérer et de rebondir, avec les avatars nés d'un isolationnisme croissant. En 1991, les festivités du 700e anniversaire présumé de la Confédération ont laissé une impression mitigée, comme un singulier déficit d'âme. Au-delà du slogan provocateur « 700 ans ça suffit », il y avait pourtant matière à réflexion, ne serait-ce qu'à suivre les propos de Jean Starobinski, à Bellinzone, lors de la cérémonie d'ouverture : « Le passé de la Suisse n'a rien d'une idylle. » Plus que jamais, ce pays est confronté à des choix difficiles qu'on pourrait ramener à une interrogation assez simple : la Suisse pourra-t-elle supporter de devenir ordinaire quand toute son histoire a reposé sur la conviction d'être unique ?

L'identité nationale s'ancre dans des repères très concrets. La capitale du pays, Berne (page suivante), fondée en 1191, a conservé son aspect médiéval et Renaissance (au premier plan, le Zytglogge ou tour de l'horloge du XVIe siècle). Devenue capitale de la nouvelle Confédération suisse en 1848, elle voit se construire en un style monumental de nombreux édifices administratifs, dont le Palais fédéral, siège du gouvernement. La ville compte aujourd'hui quelque 130 000 habitants.

TÉMOIGNAGES
ET DOCUMENTS

Les textes fondateurs

L'ensemble territorial que nous appelons la Suisse s'est constitué lentement depuis le XIIIe siècle, par agrégat de villes et de vallées qui elles-mêmes cherchent à se façonner un espace compact et contigu : par conquête, transfert de juridiction, achat ou héritage. La Suisse moderne est voulue par les Puissances européennes en 1815. Elle devient un État fédératif en 1848.

Le plus ancien traité d'alliance (1291)

La paix territoriale entre les cantons d'Uri, Schwytz et Unterwald du début août 1291 a été fortement sollicitée et surinterprétée à partir du XIXe siècle, pour jouer un rôle de texte fondateur – ce qu'il n'est pas – et fixer un commencement à l'histoire de la Suisse. C'est l'une des plus anciennes chartes connues qui fait mention des cantons, tout en renvoyant à des textes antérieurs non conservés.

Au nom du Seigneur, amen. C'est accomplir une action honorable et profitable au bien public que de confirmer, selon les formes consacrées, les conventions ayant pour objet la sécurité et la paix. Que chacun sache donc que, considérant la malice des temps et pour mieux défendre et maintenir dans leur intégrité leurs personnes et leurs biens, les hommes de la vallée d'Uri, la communauté de Schwytz et celle des hommes de la vallée inférieure d'Unterwald, se sont engagés, en toute bonne foi, de leur personne et de leurs biens, à s'assister mutuellement, s'aider, se conseiller, se rendre service de tout leur pouvoir et de tous leurs efforts, dans leurs vallées et au dehors, contre quiconque, nourrissant de mauvaises

intentions à l'égard de leur personne ou de leurs biens, commettrait envers eux ou l'un quelconque d'entre eux un acte de violence [...] et chacune des communautés a promis à l'autre d'accourir à son aide en toute occasion où il en serait besoin, [...] prêtant effectivement serment, renouvelant par les présentes la teneur de l'acte de l'ancienne alliance corroborée par un serment, et cela sous réserve que chacun, selon la condition de sa personne, soit tenu, comme il sied, d'être soumis à son seigneur et de le servir.

Antoine Castell, *Les Chartes fédérales de Schwyz : les principales chartes de l'ancienne Confédération exposées et traduites à l'usage du public*, traduction de l'allemand par Marcel Bitchy et Bruno Gemperle, Einsiedeln, Benziger, 1938

L'alliance de 1663 avec Louis XIV

Au-delà des formules emphatiques, le contenu des alliances avec la France est répétitif de 1515 à 1777. Pour celle-ci, l'essentiel est d'obtenir des soldats contre paiement de sommes d'argent, ce qu'on appelle les « pensions » de France.

Comme ainsi soit que par ci-devant & dès longtemps il y a eu paix, amitié, alliance

& bonne intelligence entre les Rois Très-Chrétiens & les Magnifiques Seigneurs des anciennes & hautes Allemagnes, & afin que la bonne amitié & bonne intelligence fût toujours conservée, & non jamais altérée ni interrompue, dès le temps du Roi Charles VII il en aurait été fait accord & Traité par écrit pour durer à perpétuité, lequel Traité fut depuis confirmé par le Roi Louis XI, qui depuis aurait encore ajouté un autre Traité d'Alliance qui contenait d'autres conventions & conditions plus amples & plus expresses, pour assurer un mutuel secours des uns aux autres pendant la vie dudit Roi, après le décès duquel, le Traité d'Alliance aurait été renouvelé & continué par les Rois Charles VIII & Louis XII, jusqu'au temps du Roi François, premier de ce nom, avec lequel fut fait le Traité de paix & amitié perpétuelle entre les Rois & la Couronne de France & tous les pays des Ligues, pour être à jamais inviolablement observé tant d'une part que d'autre, & peu après fut fait encore un autre Traité plus étroit d'Alliance pendant la vie dudit Roi & quelque temps après, lequel étant expiré, ladite Alliance aurait été renouvelée par les Rois qui ont depuis succédé à la Couronne de France, & aurait toujours heureusement continué au bien commun de l'une & l'autre Nation. À cette cause, Nous Louis XIV, par la grâce de Dieu, Roi Très-Chrétien de France & de Navarre, Duc de Milan, Comte d'Ast, Seigneur de Gênes, &c. et Nous les Bourgmestres, Avoyers, Landamans, Conseils & Communautés des Villes, Pays & Seigneuries des anciennes Ligues des hautes Allemagnes ; ensemble les Alliez, Amis & Combourgeois de Zurich, Berne, Lucerne, Uri, Schwytz, Unterwald, dessus & dessous le Bois, Zug avec les Offices extérieurs, Glaris, Bâle, Fribourg, Soleure, Schaffhouse, Appenzell, l'Abbé de Saint-Gall, & les Villes de Saint-Gall, Mulhouse & Bienne.

[*Suivent les 25 articles du traité.*]

Article 3. Et si durant cette Alliance, Nous, Louis Roi, ou notredit fils qui nous succédera, étions envahis ou molestés par guerre en nos Royaumes […], Nous pourrons lever des gens de pied des Ligues pour la défense de nosdits Royaumes […], tel nombre qu'il nous plaira, toutefois non moins de six mille, & non plus de seize mille, avec le consentement, & non autrement, de Nous des Ligues auxquels soldats, Nous, Louis Roi, ou notredit fils et successeur, pourrons élire & donner des Capitaines suffisants de bonne renommée, selon notre vouloir & intention, à nos dépens, de tous les Cantons & de leurs perpétuels alliés […].

Article 15. Et afin que lesdits Sieurs des Ligues connaissent clairement la sincère amitié que Nous, Louis Roi, leur portons, voulons & Nous plaît, comme sera aussi après Nous notredit fils & successeur dorénavant tant que cette Alliance durera, donner annuellement à chaque canton des Ligues, outre les deux mille francs qu'ils ont eus par ci-devant du Roi François premier de ce nom, notre grand-oncle, de haute & louable mémoire, par le Traité de paix perpétuelle, encore mille francs de crû ; & s'en fera le paiement à chacun desdits Cantons, au temps & terme, en la forme & manière que les pensions des deux mille francs seront payées, à savoir qu'elles seront payées comptant & sans aucun délai à Lyon, au jour de la Notre-Dame de Chandeleur, & en défaut de ce que les Ambassadeurs attendissent & demeurassent plus de huit jours audit Lyon, Nous serons tenus leur payer leurs dépens, qu'outre lesdits huit jours ils pourront faire.

Histoire militaire des Suisses au service de la France […], Paris, 1753

La neutralité perpétuelle (1815)

Déchirés par les querelles intestines lors de la dislocation de l'empire napoléonien, les cantons suisses doivent leur survie à la volonté des Puissances et à leur vision stratégique de la nouvelle Europe reconstituée. La neutralité en est une composante, peut-être pour mieux confiner cet îlot républicain qui inquiète les monarques.

Ces changements se trouvant déterminés par les stipulations du Traité de Paris de ce jour [*20 novembre 1815*], les Puissances signataires de la déclaration de Vienne font, par le présent acte, une reconnaissance formelle et authentique de la neutralité perpétuelle de la Suisse, et elles lui garantissent l'intégrité et l'inviolabilité de son territoire dans ses nouvelles limites […].

Les Puissances […] reconnaissent authentiquement par le présent acte que la neutralité et l'inviolabilité de la Suisse et son indépendance de toute influence étrangère sont dans les vrais intérêts de la politique de l'Europe entière. […]

Les Puissances se plaisent à reconnaître que la conduite de la Suisse dans cette circonstance d'épreuve a montré qu'elle savait faire de grands sacrifices au bien général et au soutien d'une cause que toutes les Puissances de l'Europe ont défendue ; et qu'enfin la Suisse était digne d'obtenir les avantages qui lui sont assurés, soit par les dispositions du Congrès de Vienne, soit par le Traité de Paris de ce jour, soit par le présent acte auquel toutes les Puissances de l'Europe sont invitées à accéder.

Leonard Chodzko,
Le Congrès de Vienne et les traités de 1815, précédé et suivi des actes diplomatiques qui s'y rattachent,
t. 2, Paris, Amyot, 1864,

La première Constitution (1848)

C'est au milieu du XIXe siècle que les cantons suisses ont pu se constituer en véritable État avec des institutions fédérales. Voici quelques-uns des 114 articles de ce texte fondateur, qui sera fortement remanié en 1874, puis subira de très nombreuses adjonctions et modifications jusqu'à son remplacement par la Constitution actuelle, en 1999. Celle-ci ne modifie en rien les principes fondamentaux.

Au nom de Dieu tout-puissant !
La Confédération suisse,
Voulant affermir l'alliance des Confédérés, maintenir et accroître l'unité, la force et l'honneur de la nation suisse, a adopté la constitution fédérale suivante. […]

Article premier. Les peuples des vingt-deux cantons souverains de la Suisse, unis par la présente alliance, savoir : Zurich, Berne, Lucerne, Uri, Schwytz, Unterwalden (le Haut et le Bas), Glaris, Zug, Fribourg, Soleure, Bâle (Ville et Campagne), Schaffhouse, Appenzell (les deux Rhodes), Saint-Gall, Grisons, Argovie, Thurgovie, Tessin, Vaud, Valais, Neuchâtel et Genève, forment dans leur ensemble la Confédération suisse.
[*S'ajoutera en 1978 un 23e canton, le Jura, issu de la séparation d'avec le canton de Berne.*]

Art. 2. La Confédération a pour but d'assurer l'indépendance de la patrie contre l'étranger, de maintenir la tranquillité et l'ordre à l'intérieur, de protéger la liberté et les droits des Confédérés, et d'accroître leur prospérité commune.

Art. 3. Les cantons sont souverains en tant que leur souveraineté n'est pas limitée par la constitution fédérale, et, comme tels, ils exercent tous les droits qui ne sont pas délégués au pouvoir fédéral.

Art. 4. Tous les Suisses sont égaux devant la loi. Il n'y a en Suisse ni sujets, ni privilèges de lieux, de naissance, de personnes ou de familles. […]

Art. 42. Tout citoyen d'un canton est citoyen suisse. […]

Art. 44. Le libre exercice du culte des confessions chrétiennes reconnues est garanti dans toute la Confédération. […]

Art. 45. La liberté de la presse est garantie. […]

Art. 58. L'ordre des Jésuites et les sociétés qui lui sont affiliées ne peuvent être reçus dans aucune partie de la Suisse. […]

Art. 60. L'autorité suprême de la Confédération est exercée par l'Assemblée fédérale, qui se compose de deux Sections ou Conseils, savoir :

  a. du Conseil national ;
  b. du Conseil des États.

Art. 61. Le Conseil national se compose des députés du peuple suisse […]. […]

Art. 69. Le Conseil des États se compose de quarante-quatre députés des cantons [*quarante-six avec l'accession à la souveraineté du canton du Jura*]. Chaque canton nomme deux députés ; dans les cantons partagés, chaque demi-État en élit un. […]

Art. 83. L'autorité directoriale et exécutive supérieure de la Confédération est exercée par un Conseil fédéral composé de sept membres.

Art. 84. Les membres du Conseil fédéral sont nommés pour trois ans, par les Conseils réunis […]. […]

Art. 86. Le Conseil fédéral est présidé par le président de la Confédération. Il a un vice-président.

Le président de la Confédération et le vice-président du Conseil fédéral sont nommés pour une année, par l'Assemblée fédérale, entre les membres du Conseil. […]

Art. 116. [*version de 1874 amendée en 1938 par l'accession du romanche au statut de langue nationale*] L'allemand, le français, l'italien et le romanche sont les langues nationales de la Suisse.

Sont déclarés langues officielles de la Confédération : l'allemand, le français et l'italien.

La Constitution actuellement en vigueur date de 1999. On y trouve notamment la définition des droits d'initiative et de référendum.

Art. 139. Initiative populaire tendant à la révision partielle de la Constitution

100 000 citoyens et citoyennes ayant le droit de vote peuvent demander la révision partielle de la Constitution […]

Toute initiative présentée sous la forme d'un projet rédigé est soumise au vote du peuple et des cantons [*ce qui signifie qu'il faut une double majorité pour une acceptation, non seulement celle des électeurs mais encore celle des cantons*]. L'Assembléefédérale en recommande l'acceptation ou le rejet. Dans ce dernier cas, elle peut lui opposer un contre-projet.

Art. 140. Référendum obligatoire

Sont soumises au vote du peuple :

  a. les révisions de la Constitution ;
  b. l'adhésion à des organisations de sécurité collective ou à des communautés supranationales ; […]

Art. 141. Référendum facultatif

Sont soumis au vote du peuple, à la demande de 50 000 citoyens et citoyennes ayant le droit de vote ou de huit cantons :

  a. les lois fédérales ;
  b. les lois fédérales déclarées urgentes […] ;
  c. les arrêtés fédéraux […] ;
  d. les traités internationaux […].

La construction du mythe

Associer un beau paysage, un milieu de vie et une population idéalisée, telle est l'entreprise à laquelle ont contribué auteurs littéraires, voyageurs et artistes. Ils construisent de véritables homologies entre le territoire, ses représentations et les habitants. Il n'y a pas seulement des ressemblances mais bien des correspondances. Celles-ci servent à révéler les différences par rapport aux autres et à se dire soi-même comme spécifique.

Une Suisse heureuse au XVIIe siècle

Hans Jakob Christoffel von Grimmelshausen, qui a traversé la guerre de Trente Ans, nous a laissé un roman baroque extraordinaire retraçant la vie de l'aventurier Simplicius Simplicissimus (1669). Le héros, en pèlerinage à Einsiedeln, exprime un étonnement bien compréhensible par comparaison avec les contrées d'où il vient, ces régions d'Allemagne dévastées par la guerre.

Le pays, par rapport à d'autres pays allemands, me parut aussi étrange que si j'avais été en Chine ou au Brésil ; j'y vis les gens travailler, aller et venir, les étables pleines de bestiaux, les fermes grouillantes de poules, d'oies et de canards ; les routes étaient sûres pour les voyageurs, les auberges pleines de gens qui prenaient du bon temps ; pas trace qu'on craignît l'ennemi, redoutât un pillage, pas de hantise d'être privé de son bien, de sa liberté ou de sa vie ; chacun vivait en sûreté sous sa treille et son figuier et, en vérité, mis en balance avec d'autres pays allemands, en tout plaisir et toute joie ; ce pays me parut

être un paradis terrestre bien que par nature il me semblât plutôt rude.

H. J. Grimmelshausen, *Les Aventures de Simplicissimus*, traduit de l'allemand par Jean Amsler, Paris, Librairie Arthème Fayard, 1990

De Haller, l'inventeur des Alpes

Savant, homme politique et polygraphe bernois, Albrecht de Haller (1708-1777) a été le révélateur d'une montagne à la fois pittoresque et bucolique. Son poème didactique Die Alpen *(1729), bientôt traduit, ne connut pas moins de onze éditions du vivant de son auteur. Cet opuscule assume le rôle d'initiateur de la sociologie sentimentale de ceux que l'auteur appelle les « Alpicoles », un peuple de bergers vertueux et robustes, heureux habitants des montagnes.*

Vis en paix, peuple satisfait, et remercie
   le destin
Qui t'a refusé l'abondance, source des vices,
Qui est content de son sort, l'indigence
   même
Contribue à sa félicité,
Tandis que le faste et le luxe sapent
   le fondement des États :

Dans le temps que Rome comptait
  encore ses victoires par ses combats
Le brouet faisait la nourriture des héros,
  et le bois, le temple des dieux,
Mais lorsque lui échappa la mesure de
  sa richesse,
L'ennemi le plus faible ruina bientôt
  son lâche orgueil.
Prends donc garde, pour toi, d'aspirer
  à plus haute condition :
Tant que durera ta simplicité, tu resteras
  prospère.
Si la nature a couvert de pierres ton sol
  dur,
Qu'importe, ta charrue y passe et ton
  grain y germe ;
Elle dressa les Alpes pour te séparer
  du monde [...]
Le village se rassemble à l'ombre de
  larges chênes
Où l'adresse et la grâce rivalisent pour
  mériter l'applaudissement et l'amour :
Ici luttent deux combattants hardis,
  mêlant le sérieux à leur jeu,
Ils s'enlacent corps à corps, se soudent
  hanche contre hanche ;
Plus loin, une lourde pierre vole au but
  marqué,
Animée d'une main vigoureuse, et
  fendant l'air ;
Un autre, le désir d'une entreprise plus
  noble
Le conduit vers une troupe enjouée de
  jeunes bergères. [...]
Entre-temps, pour que la saison froide
  ne le trouve pas dépourvu,
Le peuple laborieux tire du lait le pain
  des Alpes :
Ici, le caillé mis à part s'épaissit sur la
  flamme ardente
Tandis que plus loin le lait se condense
  et se fige comme une huile ;
Ici encore, un poids massif presse le
  sédiment compact du petit-lait
Tandis qu'ailleurs un liquide acide
  sépare l'eau de la graisse ;

Ici enfin, la seconde prise de la traite cuit
  pour les pauvres,
Tandis que plus loin le fromage prend
  forme dans un cercle de bois.
Toute la maison y prête la main : elle
  aurait honte de rester inactive ;
Nulle besogne d'esclave n'est aussi
  pénible que l'oisiveté. [...]

Albrecht de Haller, Les Alpes,
traduit de l'allemand par Jean Graven,
Genève, Éditions Zoé, 1995

Rousseau et le beau paysage

Son roman épistolaire, La Nouvelle
Héloïse *(1761), a joué un rôle initiatique
dans la découverte de la Suisse par les
voyageurs francophones. Après avoir
passé les seize premières années de sa vie
autour du lac Léman (qu'il appelle
encore le lac de Genève), Jean-Jacques
s'est exilé. Il revient à cinq reprises dans
ce qu'il appelle sa « patrie ».*

Plus j'approchais de la Suisse, plus je me
sentais ému. L'instant où des hauteurs du
Jura je découvris le lac de Genève fut un
instant d'extase et de ravissement. La vue
de mon pays, de ce pays si chéri, où des
torrents de plaisirs avaient inondé mon
cœur ; l'air des Alpes si salutaire et si pur ;
le doux air de la patrie, plus suave que les
parfums de l'Orient ; cette terre riche et
fertile, ce paysage unique, le plus beau
dont l'œil humain fut jamais frappé ; ce
séjour charmant auquel je n'avais rien
trouvé d'égal dans le tour du monde ;
l'aspect d'un peuple heureux et libre ; la
douceur de la saison, la sérénité du climat ;
mille souvenirs délicieux qui réveillaient
tous les sentiments que j'avais goûtés ; tout
cela me jetait dans des transports que je ne
puis décrire, et semblait me rendre à la fois
la jouissance de ma vie entière.

Jean-Jacques Rousseau,
Julie ou La Nouvelle Héloïse [1761]

Une *Landsgemeinde* des années 1790

Tous les voyageurs ne cèdent pas à la vision mythique. Assistant à une Landsgemeinde, *ou assemblée annuelle de tous les citoyens, un noble vénitien juge sévèrement les pratiques démocratiques des petits cantons, ici celle du canton de Nidwald. L'assemblée procède d'abord à l'élection du nouveau* landammann, *le magistrat principal. Il n'y a qu'un seul candidat élu à l'unanimité.*

Je m'attendais que la séance ne finirait pas sans voir quelque membre de cette nombreuse assemblée faire quelque proposition singulière, une loi expresse du commencement de ce siècle autorisant indistinctement toute personne à prendre la parole et à dire ce qui lui plaît. Je me trompai. On m'a assuré qu'il est bien rare que d'autres que des fonctionnaires publics s'avisent de faire des propositions […]. De là résulte, selon moi, la preuve de deux vérités. La première qu'il n'y a pas, dans le fait, de pays plus oligarchiquement gouverné que celui qui est en apparence régi par une démocratie pure. La seconde, qu'il n'y a pas de loi, quelque absurde qu'elle paraisse d'ailleurs, qui ne puisse être en partie justifiée par l'expérience ; puisque celle-ci, qui devrait ce semble produire les plus grands désordres, n'en occasionne aucun, et qu'elle facilite même à ceux qui gouvernent les moyens de faire faire tout ce qui leur plaît au peuple enchanté de se voir investi de la plus précieuse des prérogatives.

L'assemblée, qui avait commencé à midi, fut congédiée vers les trois heures. Chaque individu, parvenu au terme de ses fonctions publiques, se retira après avoir joui aussi brièvement de sa portion de souveraineté, laissant, au sortir de cette courte scène de démocratie, le gouvernement entre les mains d'une oligarchie très peu nombreuse, à qui restent abandonnés pour le reste de l'année tous les droits d'une puissance, dont il ne sera donné au peuple de jouir l'année prochaine que pendant un autre huitième de journée.

Leopoldo Curti, *Lettres sur la Suisse*, Altona, Jean David Adam Eckhardt, 1797

Au pays de la liberté

En 1798, lorsque commence la révolution en Suisse, Joseph Mengaud, chargé d'affaires de la République française, propose d'introduire de nouvelles prières laïques. Les paroles démontrent à quel point la vision mythifiée de la liberté avait contaminé l'imaginaire politique.

Sur le modèle du « Notre-Père » :
Guillaume Tell, qui es le fondateur de notre liberté, ton nom soit sanctifié en Suisse, ta volonté soit faite chez nous, à présent comme du temps où tu terrassas les tyrans ; donne-nous aujourd'hui ton courage et ta valeur, et pardonne-nous la couardise avec laquelle nous nous sommes laissé dépouiller peu à peu de nos droits, comme nous pardonnons à tous nos baillis et préposés qui ont été la cause de la perte de notre liberté ; ne permets point que nous soyons opprimés à l'avenir, et délivre-nous à jamais de tout genre d'esclavage. Alors t'appartiendront la gloire et l'honneur, et à tous les Suisses la liberté et l'égalité. Amen.

Sur le modèle du « Je crois en Dieu » :
Je crois à la constitution une, et qui sera la meilleure pour la vraie liberté de la Suisse, et à un gouvernement uniforme, le seul qui puisse rendre également heureux tous les Helvétiens, qui sera reçu avec transport par tous les patriotes bien pensants, qui est né de la liberté, laquelle a souffert sous les

gouvernements oligarchiques, a été crucifié par eux, est morte et a été enterrée, est descendue dans les diverses capitales de la Suisse, est ressuscitée après un espace de trois cents ans dans les cœurs des Suisses opprimés, d'où elle viendra demander compte à ceux qui ont tyrannisé leurs concitoyens. Je crois aussi avec confiance à une assemblée générale patriotique en Suisse, qui est une réunion de citoyens amis de la liberté, choisis parmi les XIII cantons et pays coalliés. Je crois à la rémission de tous les impôts onéreux, à la résurrection des droits naturels de l'homme et à l'établissement durable de la liberté et de l'égalité. Amen.

Documents des
Archives nationales de France,
Revue historique vaudoise, 11 (1903)

La version romantique

Mme de Staël a laissé une description de la fête alpestre d'Unspunnen à laquelle elle a assisté en 1808.

Le soir qui préceda la fête on alluma des feux sur les montagnes ; c'est ainsi que jadis les libérateurs de la Suisse se donnèrent le signal de leur sainte conspiration. Ces feux placés sur les sommets ressemblaient à la lune lorsqu'elle se lève derrière la montagnes, et qu'elle se montre à la fois ardente et paisible. […]

Lorsque la foule des spectateurs fut réunie, on entendit venir de loin la procession de la fête, procession solennelle en effet, puisqu'elle était consacrée au culte du passé. Une musique agréable l'accompagnait ; les magistrats paraissaient à la tête des paysans, les jeunes paysannes étaient vêtues selon le costume ancien et pittoresque de chaque canton ; les

hallebardes et les bannières de chaque vallée étaient portées en avant de la marche par des hommes à cheveux blancs, habillés précisément comme on l'était il y a cinq siècles, lors de la conjuration du Rütli. […]

Depuis cinq siècles que dure la prospérité de la Suisse, on compte plutôt de sages générations que de grands hommes. Il n'y a point de place pour l'exception quand l'ensemble est aussi heureux. On dirait que les ancêtres de cette nation règnent encore au milieu d'elle : toujours elle les respecte, les imite, et les recommence. La simplicité des mœurs et l'attachement aux anciennes coutumes, la sagesse et l'uniformité dans la manière de vivre, rapprochent de nous le passé et nous rendent l'avenir présent. Une histoire, toujours la même, ne semble qu'un seul moment dont la durée est de plusieurs siècles.

La vie coule dans ces vallées comme les rivières qui les traversent ; ce sont des ondes nouvelles, mais qui suivent le même cours : puisse-t-il n'être point interrompu ! puisse la même fête être souvent célébrée au pied de ces mêmes montagnes ! L'étranger les admire comme une merveille, l'Helvétien les chérit comme un asile où les magistrats et les pères soignent ensemble les citoyens et les enfants.
Germaine de Staël, *De l'Allemagne* [1810]

Le mythe de Tell à usage interne

Dans un roman largement autobiographique, Henri le Vert, *achevé vers 1854-1855, Gottfried Keller explique comment, à l'occasion du carnaval, plusieurs villages de la campagne zurichoise se rassemblent pour monter une représentation du* Guillaume Tell *de Schiller, pièce de 1804 dont l'édition scolaire expurgée est fort répandue.*

Depuis un temps immémorial, toutes les fois qu'on représentait selon l'ancienne tradition l'exploit de Guillaume Tell, il était d'usage que le garçon, tandis que s'échangeaient les reparties, saisît la pomme qui était sur sa tête et la dévorât tout tranquillement, à la grande joie du peuple. Ce divertissement, cette fois encore, avait été introduit en contrebande, et quand Gessler furibond [*le bailli tyrannique qui a imposé à Guillaume Tell l'épreuve de la pomme*] se mit à apostropher le gamin, lui demandant ce que signifiait ce procédé, l'autre répliqua avec effronterie :

– Seigneur, mon père est un si bon tireur, qu'il aurait honte de tirer sur une aussi grosse pomme ! Posez-m'en une sur la tête, qui ne soit pas plus grande que votre miséricorde, et mon père ne l'en atteindra que mieux !

Quand Tell tira, il eut l'air de regretter presque de ne tenir point sa carabine, et de tirer pour la frime, comme cela se fait au théâtre. Pourtant, il tremblait réellement et involontairement lorsqu'il visa, tant il était pénétré de l'honneur qui lui était échu de représenter cette action sacrée. Et quand il mit sous les yeux du tyran, avec un air de menace, sa seconde flèche, tandis que le peuple regardait avec une anxiété qui lui faisait perdre la respiration, sa main qui tenait la flèche trembla encore, il transperça Gessler de son regard, et haussa un moment la voix avec une telle violence de passion, que le tyran pâlit, et qu'une vraie terreur se répandit sur toute la place. Puis se propagea une profonde rumeur de joie ; on se serrait la main, on déclarait que l'aubergiste [*l'acteur qui joue Tell*] était un homme, et que tant qu'on en aurait de pareils, il n'y aurait rien à craindre. […]

Mais, vers midi, tout le monde se prépara à aller au Grütli, où le serment devait être juré ; on avait supprimé les passages de Schiller qui se référaient à la nuit. Une belle prairie au bord de la large rivière, entourée de pentes boisées, avait été choisie pour le lieu de cette action ; du reste, la rivière remplaçait le lac, et servait de théâtre aux pêcheurs et aux bateliers. Anna s'installa dans la voiture, auprès de son père ; je chevauchais à côté ; et nous nous mîmes tranquillement en route, afin de jouir de la scène en spectateurs oisifs. Au Grütli, tout se passa avec gravité et solennité ; tandis que le peuple bigarré était dispersé sous les arbres des pentes environnantes, les Confédérés siégeaient en bas ; c'est là qu'on voyait vraiment l'élite des guerriers, avec leurs grandes épées et leurs barbes, de vigoureux jeunes gens avec des *morgenstern* [*fléaux d'armes*], et les trois chefs au milieu. Tout se passa le mieux du monde, on joua avec beaucoup de sentiment ; la rivière satisfaite coulait en déployant ses larges flots brillants ; cependant, le maître d'école regretta que jeunes et vieux gardassent leur pipe à la bouche, durant cette action solennelle, et que le pasteur Rösselmann prisât continuellement.

Quand le pacte fédéral eut été juré dans un tonnerre d'applaudissements parti de la montagne animée, toute la foule, acteurs et spectateurs mêlés, se mit en mouvement ; la plus grande partie, comme un peuple en cours de migration, roula vers la petite ville, où un repas simple avait été préparé, et où presque chaque maison s'était transformée en auberge […].

Gottfried Keller, *Henri le Vert*,
Lausanne, L'Âge d'homme, t. 1, 1987

Les analogies avec le peuple élu de la Bible

Dès le XIVe siècle, les Suisses ont légitimé le cours de leur histoire par des références vétéro-testamentaires.

La conviction d'une exceptionnalité prend différentes formes jusqu'aux variantes sécularisées du XXᵉ siècle.

Les Suisses sont un peuple élu, pour de multiples raisons, parmi lesquelles l'espace emblématique de la montagne, comme chez les Hébreux, focalise l'attention. Au XVIIIᵉ siècle, Johann Kaspar Lavater, le père de la physiognomonie, exprime encore une fois la conscience de l'élection divine. Ses *Schweizerlieder* [*chants suisses*] ne ratent pas l'allusion. À deux reprises, ils mentionnent Israël en évoquant les actions héroïques des guerres pour la liberté. Dieu, reprend Lavater, a conduit « nos pères » comme « les brebis d'Israël ». Aucune autre armée n'a remporté de telles victoires « depuis le temps où Israël et son Dieu ont combattu les païens ». [...]

Le XIXᵉ siècle est sans doute aussi le moment d'une désacralisation du mythe avec le développement d'une forme nouvelle d'élection, l'exceptionnalité (*Sonderfall*), qui permet d'évacuer Dieu des références explicites. La conception d'une Suisse à part dans l'histoire revêt une importance grandissante dans l'idéologie du radicalisme libéral qui domine la culture politique suisse dans le dernier quart du XIXᵉ siècle. Pour légitimer leur pouvoir, les élites radicales ont forgé une version sécularisée de l'élection. [...]

Parallèlement, survit largement l'idée plus ancienne de l'élection divine, associée nettement à une vision religieuse de l'histoire helvétique. On la trouve dans la presse à l'occasion du six centième anniversaire de la Confédération. Ainsi, au début août 1891, la *Tribune de Genève* peut écrire : « Il y a une analogie frappante entre l'histoire du peuple suisse et celle du peuple juif. Ces deux nations ont en effet ce caractère commun d'une conviction profonde et inébranlable de l'action permanente d'une Providence paternelle veillant sur elles, les conduisant comme par la main à travers mille dangers vers un but que Dieu seul connaît et qu'il a assigné comme destinée à ses peuples élus. Ce sentiment d'une mission spéciale au milieu des autres peuples est en effet un sentiment à la base aussi de nos institutions et de notre caractère national. » [...]

Au moment de la Seconde Guerre mondiale, le fait que la Suisse ait été épargnée est sans cesse ramené à une faveur toute spéciale de la Providence divine. Pour un théologien protestant, c'est Dieu qui a confié au peuple suisse la charge de garder les sources des fleuves d'Europe. Cette mission le distingue parmi les autres peuples. Un auteur catholique se risque à comparer la Suisse épargnée par la guerre à un « Israël de la Nouvelle Alliance au milieu d'une Europe en train de sombrer ». Selon lui, la Suisse est une nation qui « a conclu avec le Tout-Puissant une alliance particulière comme Israël ». [...] Le conseiller fédéral Philipp Etter, l'un des idéologues de ce qu'on appelle la « défense spirituelle » de la Suisse pendant les années de guerre va jusqu'à déclarer, dans un discours de 1939 : « Le Créateur divin lui-même a produit l'unité de ce pays, et Il l'a emmuré de robustes remparts de granit et de dur calcaire, afin qu'il soit en même temps une forteresse si vaste et si forte que seul le Seigneur lui-même pouvait la construire, mais aussi pas plus grande qu'il ne le fallait, afin qu'un petit pays puisse défendre sur ces remparts une grande mission spirituelle. »

François Walter, *Les Figures paysagères de la nation : territoire et paysage en Europe (XVIᵉ-XXᵉ siècle),* Paris, Éditions de l'EHESS, 2004

Le modèle suisse

La Restauration a été fatale aux républiques. Après 1815, seules subsistent en Europe la Suisse, Saint-Marin et la République de Cracovie ! Dès lors, le pays conserve une réputation fâcheuse de creuset propice aux révolutions. Les choses vont changer considérablement durant la seconde moitié du XIXᵉ siècle, notamment parce la France s'est dotée d'un régime républicain, que les États-Unis affirment leur leadership et que les principes de la démocratie commencent à gagner partout du terrain au détriment des régimes autocratiques. Le système politique suisse est donc en passe d'acquérir une notoriété retentissante.

Le jugement de Tocqueville

Observateur avisé du système politique états-unien, Alexis de Tocqueville s'est à plusieurs reprises intéressé à la Suisse, à une époque où celle-ci, encore dépourvue de gouvernement central, n'est qu'un conglomérat de cantons souverains. Lors d'un voyage en 1836, il note :

Il y a des cantons, il n'y a pas de Suisse.

Petit pays. Pas de grandes richesses ni de grandes pauvretés. Mœurs tranquilles. Caractère lent. Peu d'intérêt des voisins à l'attaquer. Aucun intérêt à attaquer lui-même. Toutes raisons qui peuvent lui rendre supportable l'absence d'un gouvernement…

Institutions, habitudes et mœurs libres en Suisse.

Je ne comparerai pas la Suisse aux États-Unis, mais à la Grande-Bretagne, et je dirai que quand on examine ou même qu'on ne fait que parcourir les deux pays, on aperçoit entre eux des différences qui étonnent. À tout prendre, le royaume d'Angleterresemble beaucoup plus républicain que la République helvétique.

[…]

Celui qui parcourt les États-Unis se sent involontairement et instinctivement si pénétré que les institutions, le goût, l'esprit de liberté s'est mêlé à toutes les habitudes du peuple américain, qu'il ne peut concevoir pour lui autre chose que le gouvernement républicain.

De même, on ne saurait supposer aux Anglais la possibilité de vivre sous un autre gouvernement qu'un gouvernement libre.

Mais, si dans la plupart des cantons de la Suisse la violence venait détruire la constitution républicaine, on ne se sent pas assuré qu'après un assez court état de transition le peuple ne s'habituât pas bientôt à la perte de sa liberté.

Dans les deux pays cités plus haut, la liberté me paraît plus encore dans les mœurs que dans les lois.

En Suisse, elle me semble plus encore dans les lois que dans les mœurs.

Alexis de Tocqueville,
Voyage en Suisse [1836]

Plus tard, en 1848, alors que la Suisse est en pleine crise politique mais avant qu'elle ne se dote d'une véritable Constitution, Tocqueville fait cette communication à Paris devant l'Académie des sciences morales et politiques.

Ce qui se passe en Suisse n'est pas un fait isolé. C'est un mouvement particulier au milieu du mouvement général qui précipite vers sa ruine tout l'ancien édifice des institutions de l'Europe. Si le théâtre est petit, le spectacle a donc de la grandeur. Il a surtout une originalité singulière. Nulle part la révolution démocratique qui agite le monde ne s'était produite au milieu de circonstances si compliquées et si bizarres. Un même peuple, composé de plusieurs races, parlant plusieurs langues, professant plusieurs croyances, différentes sectes dissidentes, deux Églises également constituées et privilégiées, toutes les questions politiques tournant bientôt en questions de religion, et toutes les questions de religion aboutissant à des questions de politique, deux sociétés enfin, l'une très vieille, l'autre très jeune, mariées ensemble malgré la différence de leurs âges. Tel est le tableau qu'offre la Suisse.[…]

On se fait d'ordinaire illusion sur ce qu'était la Suisse lorsque la Révolution française éclata. Comme les Suisses vivaient depuis longtemps en république, on se figura aisément qu'ils étaient beaucoup plus rapprochés que les autres habitants du continent de l'Europe, des institutions qui constituent et de l'esprit qui anime la liberté moderne. C'est le contraire qu'il faudrait penser. […]

Ce court exposé a eu pour but de bien faire comprendre deux choses :

La première, que la Suisse est un des pays de l'Europe où la révolution avait été la moins profonde, et la restauration qui la suivit la plus complète. De telle sorte que les institutions étrangères ou hostiles à l'esprit nouveau, y ayant conservé ou repris beaucoup d'empire, l'impulsion révolutionnaire dut s'y conserver plus grande.

La seconde, que dans la plus grande partie de la Suisse, le peuple, jusqu'à nos jours, n'avait jamais pris la moindre part au gouvernement ; que les formes judiciaires qui garantissent la liberté civile, la liberté d'association, la liberté de parole, la liberté de la presse, la liberté religieuse, avaient toujours été aussi, et je pourrais presque dire plus inconnues à la grande majorité de ces citoyens de républiques, qu'elles pouvaient l'être, à la même époque, aux sujets de la plupart des monarchies.

Alexis de Tocqueville,
Rapport sur «La Démocratie en Suisse» de Cherbuliez [1848]

Un petit pays peut-il connaître la grandeur ?

C'est la question que se pose Charles-Ferdinand Ramuz dans un livre un peu moralisateur publié en 1937, Besoin de Grandeur. *L'auteur affirme par-dessus tout sa fidélité au terroir des petites régions qui composent la Suisse de langue française (la Suisse romande).*

Un petit pays est-il condamné par sa petitesse même à ne pas connaître la grandeur ?

Les petits pays ont une activité qui est à leur taille, c'est-à-dire une petite activité. Et les pensées ne tardent pas, elles-mêmes (eussent-elles à l'origine des dimensions différentes), à se proportionner, étant causes, à leurs effets, qui ne peuvent être grands. C'est ainsi que les vagues sur le Pacifique prennent singulièrement plus d'ampleur que sur la Méditerranée.

Nous n'avons même pas de vraie Méditerranée à nous ; nous n'avons à nous qu'un petit lac : voyez nos orages, mesurez nos vagues. À peine si, par les plus gros temps, elles portent un peu d'écume à leurs crêtes, venant l'une derrière l'autre, mais déjà écroulées, faute d'assez d'espace pour prendre essor. [...]

Et trop d'aisance par ailleurs, et par ailleurs trop de facilités. Nous n'avons pas voulu voir, quand il en était temps encore, qu'elles étaient d'exception ; nous avons cru qu'elles étaient la règle. Elles n'étaient déjà plus que dans le passé que nous les projetions encore, avec candeur, dans l'avenir. Nos petits pays vivaient bien, et ils ne vivent pas encore trop mal ; ils ne se sont jamais préoccupés d'aller voir quelles étaient les causes, sans doute factices et passagères, de cette apparence de prospérité. Il a été entendu qu'elle durerait toujours. Nous vivions dans le mythe de la stabilité. L'État, pour ne parler que de lui, nous semblait échapper par sa nature même aux vicissitudes de la fortune, étant au-dessus de la faillite et de la ruine, et bénéficiant, d'autre part, de tous les prestiges de la perpétuité. Nous vivions dans l'isolement, au-dedans de nos montagnes, mais elles étaient belles à voir, et on venait les voir, ce qui nous valait de fortes « rentrées »

d'argent. Et je sais bien que nous vivions dans le médiocre et dans une certaine médiocrité de sentiments et d'idées, mais nous ne nous en doutions même pas, nous étant convaincus qu'elle était une manière de perfection à nous ou que du moins elle y tendait.

N'est-ce pas le Conseil fédéral qui nous félicitait tout récemment encore d'être des pays de « haute moyenne », c'est le terme même dont il se servait (à supposer que « haute » ne s'oppose pas à moyenne) ; mais il entendait sans doute par là quelque chose d'un peu supérieur à la moyenne ordinaire, où il n'y aurait peut-être pas de très grands esprits, mais aussi pas trop d'analphabètes, où il n'y aurait pas d'énormes fortunes, mais pas non plus de criantes misères. Peut-être le Conseil fédéral disait-il vrai ; en tout cas nous étions contents de nous-mêmes. C'est le fameux « il n'y en a point comme nous » qui était partout pensé, sinon dit ; et il exprimait bien une secrète satisfaction de soi dont il ne faut pas nous cacher qu'elle correspondait surtout à la médiocrité de nos désirs et de nos vues. Nous étions exaucés, je pense, dans la mesure même où nous ne demandions pas grand'chose.

Charles-Ferdinand Ramuz,
Besoin de grandeur,
Œuvres complètes [1937],
Genève, *Œuvres complètes,*
Essais (t. 3), 2010

Conforter les vertus d'un modèle économique

En 1948, le sociologue et académicien français André Siegfried publie un petit livre qui fait date. Il survient à un moment opportun : la Suisse jouit d'une réputation fâcheuse sur le plan international à la suite de son attitude jugée trop complaisante envers l'Allemagne nazie. Siegfried réhabilite en quelque sorte un système qui prend rang de modèle.

Si l'on essaie de grouper en un faisceau cohérent les différents facteurs de la prospérité suisse, on aboutit à cette conclusion qu'elle dépend pour les trois quarts des exportations de produits (donc de l'industrie) et pour un quart des exportations dites «invisibles» ou, si l'on veut, de ce qu'on est convenu d'appeler les «services». Mais, de toute façon, ce qui ressort de ce tableau, c'est que, sur une base territoriale et démographique excessivement réduite, s'est édifié un système universel de relations industrielles, commerciales et financières. La comparaison qui s'impose est celle de l'Angleterre, de la Hollande, dans une certaine mesure de l'entrepôt viennois d'avant-guerre. Ce sont les qualités suisses qu'il faut chercher à la source de ce magnifique développement : le Suisse est un travailleur sérieux qui inspire confiance, un technicien remarquable, un financier né, rompu aux opérations de banque, de change, de commissions ; ajoutons un plafond élevé chez ces hommes d'affaires, habitués, combien plus que les Français, à considérer les choses sous l'angle mondial. Privez du reste la Suisse de cette activité extérieure de grand style, vous n'avez plus qu'un petit pays de montagnes, réduit à un niveau de vie médiocre. [...]

La Suisse, en tant que nation, est le résultat d'un équilibre entre une triple attraction culturelle centrifuge et une triple attraction politique centripète. Trois races, trois et même quatre langues, deux religions, associées en un groupement qui ne préconise ni unité ethnique, ni unité linguistique, ni unité de religion, ni unité de culture, et cependant la nation la plus unie, la plus nationale, comment ce paradoxal programme a-t-il pu être réalisé ?

Une triple résistance de chacune des sections linguistiques au pays voisin qui justement lui ressemble le plus rejette instinctivement la Suisse vers son centre géographique, plus exactement vers son foyer moral et national : attirée par la France, la Suisse française résiste politiquement à la France, comme la Suisse alémanique à l'Allemagne et la Suisse italienne à l'Italie. C'est comme un jeu de forces mécaniques, où l'attraction concentrique est la plus forte : d'où la formation d'une nationalité positive, qui n'est ni française, ni allemande, ni italienne, mais suisse et dont le lien intime est si fort qu'elle a traversé les siècles. La source est négative, le résultat est une affirmation. Mais cette unité, issue d'une commune défense, n'a été possible qu'en raison d'une circonstance géographique, l'existence de la forteresse alpine. Guillaume Tell n'eût pas été possible, ni même concevable, dans les plaines amorphes de l'Europe orientale : rappelons que pour trouver la Suisse la plus authentique, c'est dans les vieux cantons du lac de Lucerne qu'il faut aller la chercher.

André Siegfried,
La Suisse démocratie-témoin,
Neuchâtel, La Baconnière, 1948

Un avenir européen ?

Penseur proche du personnalisme, le Neuchâtelois Denis de Rougemont (1906-1985) est devenu un grand propagateur de l'idée européenne fondée sur le fédéralisme des régions. Selon lui, la Suisse devrait servir de modèle à la construction européenne. Il le rappelle à la fin d'un livre publié en 1965.

Dans une Suisse devenue terre d'Europe, comme elle fut jadis terre d'Empire, je ne vois pas de motifs de craindre qu'il y ait plus d'« étrangers envahissants » que le tourisme et l'industrie ne s'efforçaient naguère d'en attirer, les uns payants et les autres payés. D'ailleurs, ces étrangers cessent bientôt de l'être, à mesure qu'ils découvrent, en quittant l'autoroute, le vrai pays – celui que *nous seuls* pourrions dénaturer. C'est eux, souvent, qui retiennent notre main, qui nous alertent, plus sensibles à des saveurs, à des beautés de nature, à des bontés humaines que nous ne savions plus discerner. Amour des choses, des paysages, des accents, révélations qui vous naturalisent, Européens de tous pays, d'un seul coup, pour un rien mais qui fait tout sentir : désormais vous avez compris, et tous les livres, et celui-ci, n'y pourront ajouter grand-chose.

Trois décis d'un petit vin blanc frais de Lavaux ou de Tourbillon et une assiette de viande des Grisons en fines tranches transparentes, dans une vaste auberge odorante au bord d'un lac ou au cœur du pays des collines. Une matinée près des glaciers ruisselants de lumière et d'eaux vives à 2 000 mètres, parmi les pâturages à l'herbe rase, plantes grasses, petites fleurs intenses. Une place de bourg aux maisons peintes en rouge et ocre, hérissées d'enseignes baroques. Les façades blanches de l'Engadine. Les palais rustiques de Soglio. La rade de Genève illuminée aux soirs d'été. Les petits déjeuners sur un balcon d'hôtel, à Montreux, devant les Alpes translucides. Et ces wagons spacieux aux larges baies, glissant en silence dans la pluie entre les collines, les usines, les châteaux, les quartiers modernes d'une ville indéfinie longuement interrompue par des prés

et des bois secrets. Les quais de gare où toutes les races du monde se mêlent à nos derniers paysans dans une odeur de bouillon Maggi et de cigares de Brissago, qui étaient ce que Joyce préférait en Suisse. Et cette façon de vous dire merci quatre ou cinq fois, quand vous achetez une carte postale, un timbre, cette gentillesse qui étonne même les Américains, et qui est la preuve exquise d'une civilisation. Et puis au-delà des apparences aimables ou rudes, sentimentales, austères ou savoureuses, cette densité de cultures différentes, et tant d'histoire présente en tous ses âges, du couvent au laboratoire dans les glaciers, de Paracelse aux industries chimiques, aux guérisseurs de l'Appenzell, aux Prix Nobel. Et cette science ou cet art de la vie communale, du Pacte primitif aux syndics de village. Et beaucoup de lourdeur, de brusquerie, d'accents qui ont fait rire toute la France (mais par Grock et Michel Simon), et souvent, chez un homme du peuple à la belle tête taillée en bois d'arolle, celle de Ramuz, comme chez un patricien de l'intelligence, Jacob Burckhardt, ces mêmes yeux larges et scrutateurs, ce regard maîtrisé, sans illusions, qui taxe le réel à sa juste valeur.

J'ai parlé de plus d'un peuple dans mes livres, pour l'avoir vécu, d'assez près et pour l'avoir intimement aimé. L'Europe centrale, les États-Unis, la France surtout. J'ai dit un jour de la France : C'est le pays du monde dont je préfère me plaindre. La Suisse est le pays dont je souhaite le plus qu'il communique sa grâce très secrète à l'avenir européen.

Car la Suisse détient un mystère, ou plutôt elle est ce mystère. Il m'a fallu longtemps, beaucoup d'étude, d'éloignement, de retours étonnés, pour me voir contraint de l'admettre. Saura-t-elle un jour l'exprimer par le verbe, l'œuvre ou l'action, sinon le cri, qu'on attend d'elle ? Ici bat le cœur de l'Europe. C'est ici que l'Europe devrait se déclarer, jurer son Pacte et se constituer. La Suisse fondrait alors en elle sa destinée, fidèle à son être profond, des origines à ses plus hautes fins. Ce rêve peut devenir vrai demain, et il doit l'être, mais le sera-t-il jamais si nous restons muets ? Malgré tout ce qui nous retient mais nous pousse en même temps et nous oblige, je veux le croire avec Victor Hugo :

La Suisse, dans l'Histoire, aura le dernier mot.

Mais encore faut-il qu'elle le dise !

Denis de Rougemont, *La Suisse ou l'histoire d'un peuple heureux*, Paris, Hachette, 1965

Si Dieu était suisse...

En assurant une chronique dans un important quotidien suisse alémanique, l'écrivain Hugo Loetscher (1929-2009) a observé avec humour quelques-uns des travers de ses concitoyens.

Il y a bien un trait qui unit le Bon Dieu aux Suisses : se tenir à l'écart de tout et se contenter d'observer, voilà qui est aussi divin qu'helvétique.

L'idée de nous demander ce qui serait arrivé si le Bon Dieu avait été suisse nous est venue après avoir entendu à la radio un commentaire au sujet de l'adhésion de la Suisse à l'ONU. Ce qui était intéressant, ce n'étaient par les arguments présentés contre cette adhésion, ils sont connus, mais on a pu entendre une fois de plus un de ces Suisses qui, en petit Bon Dieu, s'opposent à l'histoire que font les autres. Un peu d'irritation

transparaissait bien sûr : si l'on nous avait écoutés, tout serait tout différent, mais voilà, on ne nous écoute jamais. [...]

Mais le problème central reste celui du meilleur moment pour créer l'univers. Pour un Suisse, c'est très important de savoir quand le moment est enfin venu – de donner le droit de vote aux femmes, par exemple, ou bien d'adhérer à l'ONU – personne ne sait patienter de façon aussi créative que nous.

Que le monde n'a pas été créé au bon moment, Adam et Ève en sont la preuve : à peine furent-ils là qu'on dut déjà les chasser ; à peine eurent-ils des enfants que l'un assassinait l'autre.

Tout aurait été différent si l'on avait su prendre patience. Un Bon Dieu suisse, lui, aurait patienté ; toute chose doit croître et mûrir. Et il aurait patienté d'autant plus volontiers que mille ans sont comme un jour pour lui, même si bien du temps se serait alors écoulé. Ce temps, il aurait pu, un beau jour, le mettre à disposition de l'industrie horlogère.

Si le Bon Dieu avait été suisse, il serait toujours en train d'attendre le moment favorable pour créer le monde. Seulement voilà – si ce Bon Dieu avait été suisse, et s'était mis à temporiser, non seulement il n'y aurait pas eu le monde, mais il n'y aurait pas eu la Suisse non plus. Et voilà qui serait tout de même dommage.

C'est ainsi que nous autres Suisses devons notre existence à un Bon Dieu qui, grâce à Dieu, n'était pas suisse. À cet égard, il est juste que nous l'invoquions dans notre constitution.

Hugo Loetscher, *Si Dieu était Suisse...*, traduit de l'allemand par Gilbert Musy, Paris, Librairie Arthème Fayard, 1991

Le dilemme helvétique

Depuis les années 1960, les intellectuels s'adonnent avec une certaine délectation à la déconstruction de ce qui fait la Suisse, la « suissitude » pour employer un horrible mot transposé de l'allemand. Certains ont dénoncé le « mensonge existentiel » du modèle helvétique, comme l'écrivain Walter Muschg en 1962. Une sorte d'érosion des certitudes qui prédispose à l'autocritique. Depuis la chute du mur de Berlin (1989) et l'implosion de l'URSS (1991), la Suisse est confrontée à un isolement croissant. Face à la construction de l'Union européenne, elle ne peut que s'interroger sur l'avenir de son statut d'insularité au cœur du continent.

Le pharisaïsme helvétique

L'écrivain et éditorialiste Peter Bichsel (né en 1935) a acquis dès les années 1960 une réputation d'essayiste sans complaisance.

Ce pharisaïsme rend la Suisse intransformable et je m'effraie à la pensée de devoir vivre, dans vingt ans, dans une Suisse qui ressemble à celle-ci. Nous nous sommes tout à fait habitués à être un musée. Cela nous fait plaisir d'être admirés par les étrangers et celui qui parle d'un « cas particulier suisse » entend par là le « Musée suisse », une démocratie à fins de démonstration.

Il y a aussi dans cette démocratie des privilégiés, la noblesse du sang a été supplantée par la noblesse de l'argent, les parvenus ont supplanté les aristocrates ; ils défendent leurs privilèges en combattant tout changement ; tout achèvement de la démocratie pourrait porter préjudice à leurs droits, toute modification est un danger. Ils ont pu en convaincre leurs concitoyens, car la socialisation modérée a abouti au fait que le Suisse moyen est devenu un possédant ; il est prêt à protéger les spéculateurs fonciers, car ce faisant il protège également son jardinet fleuri ; on appelle cela la tolérance.

Nous sommes un pays aisé. La pauvreté est ici une tare, pour le moins on ne l'avoue pas et on facilite ainsi les choses aux riches. Mais d'ordinaire, la richesse est également chez nous discrètement dissimulée. L'argent est ici quelque chose d'intime, on ne parle pas de son argent.

Toute nouvelle mesure sociale est combattue, chez nous, au préalable une fois dans la mesure où l'on affirme qu'elle paralyse l'initiative privée. Par initiative privée, on désigne la possibilité pour chaque citoyen de devenir un homme riche ; l'initiative privée, c'est la loi de la jungle.

Peter Bichsel, *La Suisse du Suisse,* traduit de l'allemand par Jean-Jacques Langendorf, Lausanne, L'Âge d'Homme / La Cité, 1970

Une société petite-bourgeoise

Correspondant à Paris de plusieurs hebdomadaires allemands et suisses, Nicolas Meienberg (1940-1993) a été l'un des premiers à jeter un regard critique sur le passé du pays selon les règles du journalisme d'investigation. Ici, un petit texte relatant un vécu autobiographique à Saint-Gall, la ville de son enfance.

Saint-Gall et son arrière-pays, ville de la bile et des reins [*en allemand, jeu de mots sur* Galle(n) *: «* bile *», «* vésicule *»*], régions où l'amour est réglementé et le débit des vessies contrôlé, et où les indigènes ont un terme spécial pour désigner leur unique rapport sexuel hebdomadaire, *morgele* [*de* Morgen, *«* le matin *»*]. Celui-ci avait lieu en général tôt le dimanche matin. Pendant la semaine, l'amour était refoulé au profit des affaires ; et les jours ouvrables, les rapports sexuels ne se conciliaient pas avec la floraison de la broderie [*l'industrie traditionnelle de Saint-Gall*]. L'amour était partout garrotté, et même dans la forêt de Freudenberg [*littéralement «montagne du plaisir»*] je n'ai jamais vu les Saint-Gallois faire autre chose que se promener. […]

Se promener, admirer, lever les yeux, délassement du peuple : contempler au cours des promenades du dimanche la richesse des riches telle qu'on l'a créée les jours ouvrables. Admirer les monuments sur la Klosterplatz [*place du Couvent*] qui baigne dans le soleil du dimanche après-midi et la poussière sèche ; tout le monde ne peut avoir une villa, cela nous l'avions appris à l'école, il doit aussi y avoir des cantonniers, où iraient sinon la poussière et les papiers gras, il n'y a pas de professions sales et chacune a sa fierté, mieux vaut un bon balayeur de rues qu'un mauvais médecin. L'inverse on ne l'a jamais entendu : mieux vaut un bon médecin qu'un mauvais balayeur de rues.

Nicolas Meienberg, « Séjour à Saint-Gall », in *Reportages en Suisse*, traduit de l'allemand par Philippe Schwed et Luc Weibel, Genève, Éditions Zoé, 1976

Jeune, riche et malheureux

« Je suis jeune et riche et cultivé ; et je suis malheureux, névrosé et seul. » C'est ainsi que débute le roman autobiographique de Fritz Zorn, décédé du cancer en 1976. Son livre a connu un succès considérable durant les années 1980, celles des émeutes urbaines dans les grandes villes.

Lorsque j'étais encore enfant, dans la société que j'étais alors obligé de considérer comme la mienne, il était d'usage d'employer l'expression : celui-là, il devrait bien aller à Moscou ! C'est ainsi qu'on désignait les dissidents et les critiques de notre système helvétique. On voulait exprimer par là que quiconque avait quelque chose à redire à la Suisse n'avait qu'à se rendre dans ce légendaire Moscou, lieu où, proverbialement, tout était encore bien pire qu'en Suisse. « Aller à Moscou » signifiait donc à peu près : de deux maux, il faut choisir le moindre, au lieu de se demander si l'on ne pourrait pas tout de même tenter quelque chose pour guérir le mal à portée de la main.

On disait : Va donc à Moscou – et on entendait par là : Nous ne sommes pas disposés à entendre une critique quelconque à notre sujet. Cela nous est égal qu'il faille nous corriger ou non, nous préférons invoquer « Moscou », où tout est encore pire, de manière à retirer forcément l'avantage de cette comparaison. Nous n'avons d'ailleurs pas besoin de nous corriger puisque nous avons toujours une avance énorme sur « Moscou ». Que les « Moscovites » commencent par se corriger ! La poutre, dans notre œil, nous importe peu tant que la paille dans l'œil du voisin peut nous servir d'excuse.

Mais en réalité, il n'existe pas, ce Moscou légendaire où tout est censé être encore plus noir qu'à l'endroit où justement l'on se trouve. Il n'existe pas plus d'endroit où tout est toujours plus noir que d'Eldorado où tout est toujours plus doré que chez nous. Le Moscou où jadis devaient se rendre les non-conformistes est un lieu imaginaire. Ce serait encore un lieu imaginaire même si, à Moscou, les choses étaient bien plus noires qu'à Zurich, comme l'espèrent beaucoup de Suisses ; et pas seulement parce qu'on peut être heureux même à Moscou et malheureux même à Zurich.

Fritz Zorn, *Mars*,
traduit de l'allemand par Gilberte
Lambrichs, Paris, Gallimard, 1979

Une curieuse démocratie

En 1975, Alexandre Soljenitsyne, qui a été expulsé d'URSS l'année précédente, assiste à une Landsgemeinde, *assemblée annuelle des citoyens masculins dont les deux dernières occurrences subsistent dans les petits cantons d'AppenzellRhodes-Intérieures et de Glaris. Il relate tout d'abord, non sans ironie, la réélection à l'unanimité du chef du gouvernement, le* landammann.

Bien que je ne sois pas un inconditionnel de la démocratie, je ne pus m'empêcher de rire sous cape : allons donc, cette démocratie ressemble à celle *de chez nous...* [...]

Mais je fus vite édifié. La première loi importante que voulait faire adopter le *Landammann* concernait l'augmentation des impôts pour que le canton puisse maîtriser ses projets. [...] Le *Landammann* demanda à voix haute : « Qui est pour la loi ? » Peu de mains se levèrent. Contre ? Une vraie forêt ! [...]

La voix du peuple ! La question est tranchée sans rémission, sans articles de journaux, sans commentaires à la télévision, sans commissions sénatoriales, en dix minutes et sans appel pour un an.

Le gouvernement avança une seconde proposition : revaloriser les indemnités de chômage. Mais, de la foule, on criait : « Qu'ils travaillent ! » De la tribune : « Ils n'arrivent pas à trouver d'emplois. » La foule : « Qu'ils continuent à chercher ! » Il n'y eut pas de discussion. De nouveau le refus fut voté à une majorité écrasante, si nette qu'on ne fit pas le décompte des mains ; comment d'ailleurs les tenir levées si longtemps ? Sans doute ne les compte-t-on jamais, on évalue au jugé.

Une nouvelle et troisième proposition du gouvernement demandait que l'on fît membres du canton des personnes habitant Appenzell depuis plusieurs années, des Italiens pour la plupart. Il y avait une dizaine de candidats. On vota sur chaque nom mais tous furent, si je ne me trompe, repoussés. Ils sont indignes, nous n'en voulons pas...

Non, ce n'était plus du tout *comme chez nous*. Après avoir réélu sans discussion leur *Landammann*, après lui avoir confié le choix du gouvernement à son goût, ils lui ont refusé de voter les principaux projets législatifs. Et puis, vas-y, gouverne ! Une démocratie de ce genre, je n'en avais jamais vue, jamais je n'en ai entendu parler, et cette démocratie-là […] force l'estime.

Alexandre Soljenitsyne, « L'antique usage de la démocratie » [1982], *Le Monde*, 16 janvier 1983

La Suisse paradoxale

Pour le géographe Claude Raffestin, ce pays a une conduite pour le moins ambivalente.

Une lecture rapide de notre histoire pourrait laisser croire que la leçon de César a été suffisante pour nous passer le goût de l'expansion et nous maintenir confinés à l'intérieur de notre territoire. Au fond, après une longue « psychanalyse », nous aurions réussi à nous guérir du complexe d'enfermement. Il en va ainsi quand au territoire concret à l'intérieur duquel nous avons agi, pratiquement sans en bouger, depuis le XVIe siècle. Nos frontières, stables depuis 1815, sont quasiment fossilisées et nous avons toujours renoncé aux aventures qui auraient pu nous valoir quelques agrandissements. Mais en va-t-il ainsi quant à l'espace économique mondial ?

Certes non, car depuis le XVIIIe siècle et surtout depuis la naissance de l'État fédéral moderne en 1848, les industriels et les commerçants suisses ont véritablement investi le monde. Certains d'entre eux, dans un mémorandum datant de la dernière guerre, et en réponse aux déclarations nazies sur l'espace vital ont même proclamé, dans un esprit empreint de libéralisme : « L'espace vital de la Suisse est le monde » (H. Lüthy). On rétorquera que tous les grands pays industriels ont pratiqué de cette manière, et c'est vrai, mais la Suisse l'a fait plus que les autres, car elle vient immédiatement après les États-Unis pour l'importance de ses investissements directs à l'étranger : le gnome helvétique, toutes choses égales par ailleurs, est même plus puissant que le géant américain. La Suisse a ainsi compensé sa faiblesse politique évidente par une force économique diffuse et cachée.

Si la Suisse n'est pas politiquement négligeable, elle n'est pas non plus très significative dans le concert des nations. En revanche, elle est économiquement influente et, dans beaucoup de cas, sa position est incontournable.

Nous touchons là, sans doute, le paradoxe le plus créateur de discordances dans les relations que nous entretenons avec nous-mêmes et avec les autres. Comment formuler ce paradoxe ? Disons d'une manière générale avant d'entrer dans plus de détails que la Suisse se caractérise par une territorialité quelque peu schizophrénique : « ouverture économique » mais « fermeture politique ». […] Pour continuer à cerner le problème à grands traits, on peut dire que l'ouverture économique est la conséquence plus ou moins directe de la modernité à laquelle nous faisons référence tandis que la fermeture politique dérive en grande partie de la tradition dans laquelle nous nous enracinons.

Claude Raffestin, *in* Jean Bernard Racine et Claude Raffestin, *Nouvelle Géographie de la Suisse et des Suisses*, t. II, Lausanne, Payot, 1990

Dépositaires de la beauté du monde

Convié à prendre la parole lors des cérémonies d'ouverture des festivités du 700e anniversaire de la Confédération en

1991, Jean Starobinski propose une méditation sur la liberté et les valeurs qui ont façonné la Suisse.

Car l'orgueil nous tend un double piège : la complaisance à soi, d'abord, que la langue allemande nomme si bien *Selbstgefälltigkeit* : c'est l'attitude des messagers de malaise qui se croient purs et sans reproche parce qu'ils dénoncent les manquements des autres. Ces attitudes, aussi erronées l'une que l'autre, sont propres aux communautés qui ont atteint un certain bien-être. Elles sont, l'une comme l'autre, paralysantes : ce sont des luxes pernicieux. Deux manières d'esquiver nos responsabilités. Je souhaite que notre pays ne s'immobilise ni dans la bonne ni dans la mauvaise conscience. Qu'il ait le courage d'une haute ambition, sans oublier la vertu d'humilité. Car il faut être humble pour avoir envie de se surpasser, et pour désirer répondre toujours mieux dans la vie quotidienne et dans les lois, aux exigences de l'éthique et de l'intérêt commun le plus large.

Je me permets d'insister : la véritable liberté politique, la liberté la mieux partagée est l'apanage des sociétés qui reconnaissent que les individus ne doivent pas avoir la permission de tout faire, et que le bon plaisir effréné n'est pas l'autorité décisive. Ce sens de la mesure, ces limitations légales, ce refus de l'arbitraire, exigés par le respect d'autrui, n'allons donc pas les considérer comme une prison ! Non, décidément, j'irai chercher ailleurs qu'en Suisse, dans l'histoire du XXe siècle, les exemples de l'enfermement et de la servitude volontaire ! [...]

En cette fin de siècle, nos vies, avec les décisions que nous ne pouvons esquiver, s'inscrivent inéluctablement dans l'horizon de la terre tout entière. Mais le chemin vers le monde commence à notre porte, sous nos pas, dans les rues de nos villes, dans nos gares. Il commence aussi quand nous partons vers les hauteurs, quand nous foulons les sentiers bordés de trèfle et de scabieuses, quand nous traversons le ruisseau sur les planches ajustées par le cantonnier, quand nous saluons le passant inconnu. Et si nous suivons l'invitation du sentier, il ne faudra pas longtemps pour redécouvrir – chaque matin comme la première fois – que nous sommes les dépositaires d'une part très précieuse de la beauté du monde. Nous sentons plus que jamais combien cette beauté est vulnérable.

Jean Starobinski,
« L'art difficile de vivre ensemble »,
Journal de Genève, 24 janvier 1991

Conserver son âme

Le géographe Jean-Luc Piveteau fait le bilan des risques liés à l'ouverture vers l'Europe.

La Suisse se trouve – et se sent – aujourd'hui placée face à un dilemme crucial : peut-elle demeurer ce qu'elle est – « garder son âme » – en changeant d'échelle territoriale ? Identité et transformations sont-elles compatibles ? Assurément non, si l'esprit national doit être un « arrêt sur image ». Oui, en revanche, si l'esprit national est une dynamique, c'est-à-dire si, en permanence, « on devient ce que l'on est ». [...]

La crainte de perte partielle de spécificité territoriale n'a pour le moment plus lieu d'être, puisque la perspective d'une intégration à l'Union européenne est en effet, sans équivoque, écartée dans l'immédiat.

Les risques liés à l'intégration, pour la Suisse, sont doubles.

Le risque politique, d'une part. Non pas d'éclatement culturel, au cas peu probable où chacun des trois versants linguistiques chercherait d'abord à resserrer ses liens avec le pays voisin correspondant – mais bien d'effacement global de la Suisse, en raison de l'alignement inéluctable sur certaines règles communautaires qu'elle devrait accepter. Et cela porterait atteinte, au moins partiellement, à cette « culture politique » qui, beaucoup plus que pour d'autres pays, représente dans son cas un ingrédient essentiel du ciment national.

Le risque économique, d'autre part. Une composante majeure de la puissance économique helvétique tient à son rôle de puissance financière mondiale. Or, si celle-ci repose en premier lieu sur la qualité professionnelle des services qu'elle assure, elle tient aussi à la confidentialité qu'elle garantit, c'est-à-dire au secret bancaire. Il est donc contre-productif de renoncer, en l'occurrence, au « vivre à part ».

À l'inverse, bien évidemment, la sauvegarde de la « voie solitaire » fait peser une menace de taille : celle d'une marginalisation. À entrer comme à reculons dans la construction européenne, la Suisse ne peut qu'accroître son « Être en marge », au sens négatif du terme « marge ».

> Jean-Luc Piveteau,
> « La Suisse au balcon :
> échos contemporains de la territorialité
> helvétique », *L'Espace économique
> mondial et régional en mutation*,
> Zurich, Schulthess, 2003

La fin du hérisson ?

L'historien Jean-François Bergier (1931-2009) est revenu sur l'image du hérisson, accolée à une Suisse frileusement repliée sur ses acquis.

Il y a, de la Suisse, une légende rose et une légende noire. La légende rose, c'est la sécurité morale que nous puisons dans l'héroïsme, la sagesse à nulle autre pareille, la concordance perpétuelle que nous prêtons à nos braves ancêtres : une version idéalisée de notre passé. La légende noire se complaît à relever dans celui-ci les inconsistances, les hypocrisies, les manipulations ; il y en eut en effet et il y en a toujours : notre société n'en est pas mieux à l'abri que d'autres. Or, ces deux légendes convergent vers l'image du fameux hérisson – ou du carré de lances opposé jadis par les Suisses à la cavalerie de leurs adversaires…

J'espère avoir su montrer que la Suisse n'a jamais été ce hérisson. Elle a formé le carré, c'est vrai, lorsqu'il lui fallut s'opposer à une force militaire menaçante ou à une volonté politique extérieure contraire à ses intérêts. Ce fut avec succès, mais pour de courtes périodes. Et même au cours de ces alarmes, le hérisson devait bien se nourrir, circuler, travailler. Il est resté tributaire, étroitement, de son entourage européen. La métaphore est indigne de la Suisse. Ou se retourne contre elle. Un collégien de Genève l'a astucieusement relevé ce printemps 1992 dans sa dissertation de maturité où il avait à traiter de la vocation européenne de la Suisse, en concluant : « Tout le monde sait que les hérissons finissent souvent écrasés sur les routes, surtout sur celles où passent les 40 tonnes européens… »

Point de hérisson, donc, mais une Suisse ouverte, confiante envers l'Europe dont elle se sait, de toute son histoire, solidaire.

> Jean-François Bergier,
> *Europe et les Suisses :
> impertinences d'un historien*,
> Genève, Éditions Zoé, 1992

BIBLIOGRAPHIE

La majeure partie des ouvrages sur la Suisse est écrite en langue allemande. Sont ici sélectionnés des titres en français ou traduits de l'allemand.

OUVRAGES GÉNÉRAUX

Pour une première approche
– Georges Andrey, *L'Histoire suisse pour les nuls*, Paris, First Editions, 2007.
– Dominique Dirlewanger, *Tell me : la Suisse racontée autrement*, Lausanne, ISS-UNIL, 2010.

Histoire générale de la période
– Collectif, *Nouvelle Histoire de la Suisse et des Suisses*, Lausanne, Payot, 2 vol., 1982-1983 ; rééd. en 1 vol. 1999.
– François Walter, *Histoire de la Suisse.* 1. *L'invention d'une Confédération (XVᵉ-XVIᵉ siècle)*, Neuchâtel, Alphil / Presses universitaires suisses, 2009.
– François Walter, *Histoire de la Suisse.* 2. *L'âge classique (1600-1750)*, Neuchâtel, Alphil / Presses universitaires suisses, 2009.
– François Walter, *Histoire de la Suisse.* 3. *Le temps des révolutions (1750-1830)*, Neuchâtel, Alphil / Presses universitaires suisses, 2010.
– François Walter, *Histoire de la Suisse.* 4. *La création de la Suisse moderne (1830-1930)*, Neuchâtel, Alphil / Presses universitaires suisses, 2010.
– François Walter, *Histoire de la Suisse.* 5. *Certitudes et incertitudes du temps présent (de 1930 à nos jours)*, Neuchâtel, Alphil / Presses universitaires suisses, 2010.

Un ouvrage de référence
– Gilles Attinger (dir.), *Dictionnaire historique de la Suisse*, Hauterive (Neuchâtel), 13 volumes prévus d'ici 2015 (dont 9 parus de 2002 à 2010).

ÉTUDES SPÉCIALISÉES

Grandes périodes historiques
– Urs Altermatt (dir.), *Conseil fédéral : dictionnaire biographique des cent premiers conseillers fédéraux*, Yens, Cabedita, 1993.
– Jean-François Bergier, *Guillaume Tell*, Paris, Fayard, 1988.
– Rudolf Braun, *Le Déclin de l'Ancien Régime en Suisse : un tableau de l'histoire économique et sociale au XVIIIᵉ siècle*, Lausanne, Éditions d'En bas, 1988.

– Justin Favrod, *Les Burgondes*, Lausanne, Presses polytechniques et universitaires romandes, 2002.
– Laurent Flutsch, *L'Époque romaine ou la Méditerranée au nord des Alpes*, Lausanne, Presses polytechniques et universitaires romandes, 2005.
– Irène Herrmann, *Les Cicatrices du passé : essai sur la gestion des conflits en Suisse (1798-1918)*, Berne et Berlin, P. Lang, 2006.
– Alfred Kölz, *Histoire constitutionnelle de la Suisse moderne : ses fondements idéologiques et son évolution institutionnelle dans le contexte européen, de la fin de l'Ancien Régime à 1848*, trad. de l'allemand par A. Perrinjaquet et S. Colbois, Berne, Stämpfli, 2006.
– Liliane Mottu-Weber et al., *Vivre à Genève autour de 1600*, t. 2 : *Ordres et désordres.*, Genève, Slatkine, 2006.
– Agostino Paravicini Bagliani et al., *Les Pays romands au Moyen Âge*, Lausanne, Payot, 1997.
– Roland Ruffieux, *La Suisse de l'entre-deux-guerres*, Lausanne, Payot, 1974.

La Suisse pendant la Seconde Guerre mondiale
– Willi Gautschi, *Le Général Guisan : le commandement de l'armée suisse pendant la Seconde Guerre mondiale*, Lausanne, Payot, 1991.
– André Lasserre, *Frontières et camps : le refuge en Suisse de 1933 à 1945*, Lausanne, Payot, 1995.
– Philippe Marguerat, *La Suisse face au IIIᵉ Reich : réduit national et dissuasion économique, 1940-1945*, Lausanne, 24 Heures, 1991.
– Philippe Marguerat, *L'Économie suisse entre l'Axe et les Alliés, 1939-1945*, Neuchâtel, Alphil, 2006.
– Marc Perrenoud, Alain Cortat et al., *La Place financière et les banques suisses à l'époque du national-socialisme : les relations des grandes banques avec l'Allemagne (1931-1946)*, Lausanne / Zurich, Payot / Chronos, 2002.
– *La Suisse, le national-socialisme et la Seconde Guerre mondiale : rapport final de la Commission indépendante d'experts Suisse-Seconde Guerre mondiale*, Zurich, Pendo Verlag, 2002.
– Jean Ziegler, *La Suisse, l'or et les morts*, Paris, Le Seuil, coll. «Point», 1996, 2009 (rééd.).

Société et économie
– Heinz von Arx, Peter Schnyder et Hans Waegli (éd.), *La Saga ferroviaire de la Suisse : les chemins de fer suisses ont 150 ans*, Zurich, AS Verlag / Buchkonzept AG, 1996.

– Jean-François Bergier, *Histoire économique de la Suisse*, Lausanne, Payot, 1983.

– Pierre-Yves Donzé, *Histoire de l'industrie horlogère suisse : de Jacques David à Nicolas Hayek (1850-2000)*, Neuchâtel, Alphil / Presses universitaires suisses, 2009.

– Norbert Furrer et Lucienne Hubler (dir.), *Gente ferocissima : mercenariat et société en Suisse (XVe-XIXe siècle)*, Zurich, Chronos, 1997.

– Herbert Lüthy, *La Banque protestante en France de la révocation de l'Édit de Nantes à la Révolution*, Zürich, Neue Zürcher Zeitung, 1959-1961 ; rééd. 2005.

– Liliane Mottu-Weber et Anne-Marie Piuz, *L'Économie genevoise, de la Réforme à la fin de l'Ancien Régime : XVIe-XVIIIe siècle*, Genève, Georg, 1990.

– Serge Paquier, *Histoire de l'électricité en Suisse : la dynamique d'un petit pays européen, 1875-1939*, Genève, Passé Présent, 1998.

– Anne Radeff, *Du café dans le chaudron : économie globale d'Ancien Régime*, Lausanne, Société d'histoire de la Suisse romande, 1996.

– Jean Steinauer, *Patriciens, fromagers, mercenaires : l'émigration fribourgeoise sous l'Ancien Régime*, Lausanne, Payot, 2000.

– Lorenz Stucki, *L'Empire occulte : les secrets de la puissance helvétique*, Paris, Robert Laffont, 1970.

– David Thomas, Bouda Etemad, Janick Marina Schaufelbuehl, *La Suisse et l'esclavage des Noirs*, Lausanne, Antipodes, 2005.

– Laurent Tissot, *Naissance d'une industrie touristique : les Anglais et la Suisse au XIXe siècle*, Lausanne, Payot, 2000.

Société et mentalités

– Guy Bedouelle et François Walter, *Histoire religieuse de la Suisse*, Paris, Éditions du Cerf, 2000.

– Paul Hugger (dir.), *Les Suisses : modes de vie, traditions, mentalités*, Lausanne, Payot, 3 vol., 1993.

– Étienne Piguet, *L'immigration en Suisse : 60 ans d'entrouverture*, Lausanne, Presses polytechniques et universitaires romandes, 2009.

– Verena Villiger, Jean Steinauer et Daniel Bitterli, *Les Chevauchées du colonel Koenig : un aventurier dans l'Europe en guerre, 1594-1647*, Fribourg, Faim de petite, 2006.

– Susanna Woodtli, *Du féminisme à l'égalité politique : un siècle de luttes en Suisse, 1868-1971*, Lausanne, Payot, 1977.

– Anselm Zurfluh, *Un monde contre le changement, une culture au cœur des Alpes : Uri en Suisse, XVIIe-XIXe siècle*, Paris, Economica, 1993.

Société et culture

La série *Ars Helvetica : arts et culture visuels en Suisse* (Disentis, Desertina, 1987-1993) compte 13 volumes, parmi lesquels on retiendra : Hans Christoph von Tavel, *L'Iconographie nationale*, t. X, 1992.

– Alfred Berchtold, *Bâle et l'Europe : une histoire culturelle*, Lausanne, Payot, 2 vol., 1990.

– Danielle Buyssens, *La Question de l'art à Genève : du cosmopolitisme des Lumières au romantisme des nationalités*, Genève, La Baconnière, « Arts », 2008.

– Roger Francillon (dir.), *Histoire de la littérature en Suisse romande*, Lausanne, Payot, 4 vol., 1996-1999.

– *Paradis à vendre : un siècle d'affiches touristiques suisses*, Genève, Association des amis de l'affiche suisse, 2005.

– Jean Ziegler, *Une Suisse au-dessus de tout soupçon*, Paris, Le Seuil, 1976.

Société et territoire

– Paul Guichonnet (dir.), *Histoire et Civilisations des Alpes*. I. *Destin historique*, Toulouse / Lausanne, Payot, 1980.

– *Nouvelle Géographie de la Suisse et des Suisses*, t. I et II, Lausanne, Payot, 1990.

– Jean-Luc Piveteau, *Temps du territoire : continuités et ruptures dans la relation de l'homme à l'espace*, Genève, Zoé, 1995.

– Claude Reichler, *La Découverte des Alpes et la question du paysage*, Genève, Georg, 2002.

– François Walter, *Les Suisses et l'environnement : une histoire du rapport à la nature du XVIIIe siècle à nos jours*, Genève, Zoé, 1990.

– François Walter, *La Suisse urbaine, 1750-1950*, Genève, Zoé, 1994.

SITES INTERNET

– Bibliographie de l'histoire de la Suisse : www.nb.admin.ch/dokumentation/publikationen/00753/00755/index.html?lang=fr

– Dictionnaire historique de la Suisse : www.hls-dhs-dss.ch/index.php

– Documents diplomatiques suisses : www.dodis.ch/fr/home

– Site de l'administration fédérale avec les publications officielles, des statistiques et les résultats des élections et votations : www.admin.ch

– Bibliothèque nationale suisse à Berne : www.nb.admin.ch/index.html?lang=fr

TABLE DES ILLUSTRATIONS

Genève au congrès sanitaire du 22 août 1864, peinture de Charles Édouard Armand-Dumaresq, 1872. CICR, Genève.

63h Passeport allemand de 1938 portant la lettre J. Archives de l'État de Berne.

63b Soldat allemand et soldat suisse à la frontière germano-suisse en 1940. Musée de la Résistance, Besançon.

64 Campagne pour l'admission de la Suisse au sein de la Société des Nations en 1920.

65h Vue du siège de l'ONU à Genève.

65b Vue des bâtiments de l'Organisation internationale du Travail et de l'UNICEF à Genève.

66 Lausanne, deux affiches du Parti populaire de droite suisse (SVP-UDC) éditées à l'occasion du référendum du 28 novembre 2010 concernant une initiative sur l'expulsion des criminels étrangers.

67 Manifestation pour la régularisation des sans-papiers en mai 2004 à Berne.

68h Publicité pour le chocolat Milka, début XXᵉ siècle.

68b Publicité pour les machines Sulzer, vers 1920.

69 Enseignes des bijoutiers et horlogers de luxe, rue du Rhône à Genève.

70 Tableau des transactions de la Bourse à Zurich, 1998.

71h Une du quotidien *Le Figaro* du 20 février 2009, concernant la levée du secret bancaire.

71b Employé de la banque cantonale de Zoug à son bureau, 2009.

71bd titre d'un article de la *Neue Zürcher Zeitung* du 7 février 2010 concernant la levée du secret bancaire,

72 « La Suisse et l'Union européenne », caricature de Raymond Burki, 1992.

73 Conteneurs sur le port de Bâle, 2007.

CHAPITRE 4

74 *Le Pont du Diable*, peinture de Caspar Wolf, 1777. Kunsthaus, Aargauer.

75 Vue de la Fondation Beyeler fondée en 1997 et réalisée par Renzo Piano.

76 Page de titre de l'ouvrage de Salomon Gessner *Pastorales et Poèmes*, édition de 1766, BnF, Paris.

77 La fête d'Unspunnen de 1805, lithographie d'après Franz Niklaus König, 1808. Coll. part.

78 *Le Cours de gymnastique*, peinture d'Albert Anker, 1879. Coll. part.

79 *La Récolte du foin*, peinture de Giovanni Segantini, 1890. Musée Segantini, Saint-Moritz.

80 Vue du Village suisse lors de l'Exposition nationale de Genève de 1896, carte postale.

81g Charles-Ferdinand Ramuz en Suisse, vers 1940.

81dh Couverture de *La Haute Route* de Maurice Chappaz, Hoëbeke, 2007.

81db Couverture de la première édition française de *Besoin de grandeur* de Charles-Ferdinand Ramuz, Grasset, 1948.

82 Publicité pour l'école de ski de Davos Platz, Suisse, vers 1950.

83 Vue de la rue principale de Gstaad.

84 Construction de la ligne du Lötschberg, 1911. Médiathèque du Valais-Martigny.

85 Le chemin de fer de l'Albula au niveau du viaduc près de Preda, canton des Grisons, carte postale 1900.

86 Écu d'or, édité par l'association Pro Natura à l'occasion du centenaire de sa création, 2009.

87 Vue des vignes de Saint-Saphorin en Lavaux.

88-89 Vue aérienne de la ville de Locarno dans le canton du Tessin.

90-91 Le Centre Paul Klee à Berne, conçu par l'architecte Renzo Piano.

91h Affiche de l'exposition « Félix Vallotton, les couchers de soleil », Fondation Gianadda, Martigny, 2005.

92-93 Salon du livre de Genève, stand du canton de Saint-Gall, invité d'honneur en 2008.

94 Affiche du film *Les Petites Fugues* réalisé par Yves Yersin en 1979.

95 Cérémonie pour la fête nationale au Grütli le 1ᵉʳ août 2005.

96 Vue de la ville de Berne.

TÉMOIGNAGES ET DOCUMENTS

97 Page de titre de *Poésies* de Charles Haller, 1775. Société typographique, Berne.

INDEX

CRÉDITS PHOTOGRAPHIQUES

AFP, Paris / Fabrice Coffrini 66. Afp / Keystone 70. Agefotostock, Paris / euroduftbild de 65b. Agefotostock / Guenter Fischer 65h. Agefotostock / Image source 1er plat. Agefotostock / Andy Selinger 87. Akg-images, Paris dos, 10, 14, 74, 78, 79. Akg-images / DEA Picture Library / de Ago 28g. Akg-images / André Held 36. Akg-images / Erich Lessing 11. Albertina Grafische Sammlung, Vienne 23. Archives de l'Etat de Berne 63h. Archives de l'État de Schwyz 15. Archives de l'État du Tessin 21h. Archives Gallimard 20, 30h, 37, 40h, 47, 55, 58, 64, 68h, 68b, 76, 80, 94, 97. Archives Gallimard / CICR, Genève 62. Berner Burgesbibliothek, Berne 45. Bernisches Historisches Museum, Berne 21b. BPK, Berlin distr. RMN / image BPK 26, 29. Bibliothèque nationale de France, Paris 12. Bridgeman-Giraudon, Paris 24b. Raymond Burki 72. Collection particulière / DR 2e plat, 39, 40b, 41, 44, 48-49, 51h, 51b, 58h, 77. Corbis / Blain Harrington III 96. Corbis/Ocean 9. Éditions Grasset, Paris 81db. Éditions Hoëbeke, Paris 81dh. Fondation Gianadda, Martigny 91h. Fondation Zaza-Ortelli, Médiathèque Valais-Martigny 84. Fotolia.fr / paxi (cadres) 1, 2-3, 4-5, 6-7. Gamma-Rapho, Paris 88-89. Keystone, Zurich / Alessandro Della Bella 67. Keystone / Dominic Favre 53. Keystone / Magali Girardin 92-93. Keystone / Photoglob / Photochrom 85. Keystone / Sigi Tischler 71b, 94-95b. La collection, Paris / Artothek 22. Leemage, Paris / de Agostini 57. Leemage / Artedia 90-91. Leemage / Emmevi 75. Leemage / Photo Josse 60-61. Library of Congress, Washington 1, 2-3, 4-5, 6-7. Musée des Arts décoratifs, Bâle 38. Musée des Beaux-arts, Lausanne 13. Musée des Historique, Lausanne 27, 52. Musée national suisse, Prangins 49. Musée national suisse, Zurich 16, 17h, 17b, 34, 35, 42. Musée de la Résistance et de la déportation, Besançon 63b. Musée des suisses dans le monde, Château de Penthes, Genève 56. Pro Natura 86. REA, Paris / Gérard Guittot 69. RMN, Paris / Daniel Arnaudet 60. RMN / Gérard Blot 32-33, 46. RMN / Bulloz 32h. RMN / R-G. Ojeda 24-25. RMN / Château de Versailles 32-33b, 59. Rue des Archives, Paris / Keystone Zurich 73. Rue des Archives / Collection Grégoire 82. Rue des Archives / The Granger collection NYC 81g. Sipa, Paris / Andanson 83. www.zumbo.ch 42-43. Zentralbibliothek, Zurich 28d, 30b, 31. Roland Zumbuehl 18-19.

REMERCIEMENTS

L'auteur remercie Elisabeth de Farcy de l'avoir accueilli dans la collection Découvertes et Claire Balladur Segura de lui avoir révélé les arcanes de l'iconographie. Il exprime sa gratitude à Bertrand Mirande-Iriberry, infatigable ciseleur de textes, qui réussit par sa bienveillance à rendre ludiques les contraintes éditoriales.

ÉDITION ET FABRICATION

DÉCOUVERTES GALLIMARD
COLLECTION CONÇUE PAR Pierre Marchand.
DIRECTION Élisabeth de Farcy.
COORDINATION ÉDITORIALE Anne Lemaire.
GRAPHISME Alain Gouessant.
COORDINATION ICONOGRAPHIQUE Isabelle de Latour.
SUIVI DE PRODUCTION Perrine Auclair.
SUIVI DE PARTENARIAT Madeleine Giai-Levra.
RESPONSABLE COMMUNICATION ET PRESSE Valérie Tolstoï.
PRESSE David Ducreux.

LA SUISSE, AU-DELÀ DU PAYSAGE
ÉDITION Bertrand Mirande-Iriberry.
ICONOGRAPHIE Claire Balladur.
MAQUETTE Hélène Arnaud.
LECTURE-CORRECTION Pierre Granet et Marie-Paule Rochelois.
PHOTOGRAVURE Studio NC.

François Walter est professeur en histoire moderne et contemporaine
au département d'histoire générale de l'université de Genève depuis 1986,
où il poursuit des recherches sur les villes, les rapports au territoire,
l'histoire du paysage et la production des identités sociales.
Il est notamment l'auteur de : *Les Suisses et l'environnement.
Une histoire du rapport à la nature du xviiie siècle à nos jours*, Zoé, 1990 ;
La Suisse urbaine 1750-1950, Zoé, 1994 ; *Les Figures paysagères de la nation.
Territoire et paysage en Europe (XVIe-XXe siècle)*, EHESS, 2004 ;
Histoire de la Suisse, 5 vol., Alphil, 2009-2011. Il a aussi publié
Catastrophes : une histoire culturelle. XVIe-XXIe siècle, Seuil, 2008.

Dépôt légal : avril 2011
Numéro d'édition : 178150
ISBN : 978-2-07-043979-9
Imprimé en France par I.M.E - 25110 Baume-les-Dames